les CINQ CUBAINS

Qui ils sont
Pourquoi le coup monté contre eux
Pourquoi ils doivent être libres

TIRÉ DES PAGES DU *MILITANT*

PATHFINDER
NEW YORK LONDRES MONTRÉAL SYDNEY

Rédaction : Martín Koppel et Mary-Alice Waters
Rédaction de la traduction en français : Michel Dugré

ISBN 978-1-60488-052-6
Numéro de contrôle de la Bibliothèque du Congrès /
Library of Congress Control Number 2013937330

Deuxième tirage : 2014

Imprimé aux États-Unis / Printed in the United States of America

Ce livre est la traduction de *The Cuban Five* © Pathfinder Press, 2011, 2012

Conception graphique de la couverture : Tom Tomasko
Photo de René González sur la première de couverture et photo sur la quatrième de couverture : Bill Hackwell
Photo sur la quatrième de couverture : Ralliement de masse à La Havane, le 1er mai 2010, pour la libération des cinq révolutionnaires cubains emprisonnés aux États-Unis.

Pathfinder
www.pathfinderpress.com
Courriel / e-mail : pathfinder@pathfinderpress.com

Table des matières

* Les dates indiquent le numéro du *Militant* dans lequel chaque article a paru.

Quatrième partie – Qui sont les Cinq Cubains ?

Note d'introduction

Cette nouvelle édition augmentée des *Cinq Cubains : qui ils sont, pourquoi le coup monté contre eux, pourquoi ils doivent être libres* est la première à paraître en français. Trois éditions ont paru en anglais et deux en espagnol en moins d'un an et demi. Ce seul fait permet de mesurer le besoin accru d'information parmi ceux dans le monde entier qui découvrent Gerardo Hernández, Ramón Labañino, Antonio Guerrero, Fernando González et René González et qui veulent se joindre à la lutte pour les libérer. Le travail a aussi commencé sur une traduction en farsi. Nous sommes confiants que d'autres langues suivront.

Gerardo, Ramón, Antonio, Fernando et René sont cinq Cubains qui vivaient et travaillaient dans le sud de la Floride en 1998, au moment où ils ont été arrêtés lors de descentes coordonnées avant l'aube par le gouvernement des États-Unis. À cette époque, William Clinton était président.

Victimes d'un coup monté, ils ont été accusés de complot en vue de commettre de l'espionnage et, dans le cas de Gerardo Hernández, de complot en vue de commettre un assassinat. Plus de deux ans plus tard, les Cinq, qui avaient reconnu fièrement qu'ils travaillaient pour le compte du gouvernement cubain, ont subi un procès devant un tribunal fédéral à Miami qui les a déclarés coupables de tous les chefs d'accusation. La juge leur a infligé les peines maximales. Trois d'entre eux ont été condamnés à la prison à perpétuité sans possibilité de libération conditionnelle.

Le 12 septembre 2013, chacun des cinq entamera sa seizième année de détention aux États-Unis. Gerardo, Ramón et Antonio ont purgé la plus grande partie de ces années de prison dans des conditions difficiles, dans des pénitenciers à sécurité maximale. Gerardo Hernández, condamné à deux peines de prison à perpétuité que le tribunal lui a généreusement permis de purger simultanément, et René González, aujourd'hui en liberté conditionnelle, ont fait face à une autre sanction arbitraire et brutale. Tout au long de leur emprisonnement, le gouvernement U.S. a refusé d'accorder des visas d'entrée aux États-Unis à leurs épouses, Adriana Pérez et Olga Salanueva, pour que celles-ci puissent leur rendre visite.

Quelles étaient ces prétendues activités criminelles des Cinq ?

Ils se sont organisés pour infiltrer des groupes paramilitaires et d'autres organisations contre-révolutionnaires cubains américains, qui depuis 50 ans planifient et perpètrent des attentats à la bombe, des assassinats et d'autres attaques contre des Cubains et d'autres partisans de la révolution cubaine, sur l'île, aux États-Unis (oui, à l'intérieur des États-Unis), à Porto Rico et ailleurs. Ils avaient pour mission de tenir le gouvernement cubain informé de ces opérations meurtrières afin d'empêcher autant que possible qu'elles n'aboutissent.

Les Cinq Cubains : qui ils sont, pourquoi le coup monté contre eux, pourquoi ils doivent être libres raconte cette histoire le plus complètement possible. Les articles reproduits ici ainsi que des dizaines de photos et autres représentations graphiques ont été choisis parmi quelque 200 articles d'actualité et reportages spéciaux sur les Cinq Cubains parus au cours des quinze dernières années dans les pages du *Militant*, un hebdomadaire socialiste publié à New York.

Le livre a surtout trois objectifs.

Le premier est d'expliquer pourquoi « la cause des Cinq Cubains » est en fait « la cause de la révolution cubaine. » Pourquoi le gouvernement U.S. déteste-t-il et craint-il tant les hommes et les femmes qui ont fait la révolution cubaine et les jeunes générations qui aujourd'hui se joignent à eux dans le combat pour défendre la révolution et la faire avancer ? Pourquoi retient-il ces cinq en otage, qui sont tous des produits exemplaires de cette révolution, face au refus du peuple cubain de renoncer à son cours socialiste et se mettre à genoux devant Washington ?

Le second objectif est d'aider les travailleurs, les agriculteurs et les jeunes aux États-Unis à prendre conscience de ce réseau d'intérêts de classe communs qui relie la « justice » infligée aux Cinq par la police et les tribunaux des États-Unis à nos propres expériences de vie aux mains de ce même système de « justice ». Particulièrement quand nous résistons, quand nous refusons de nous soumettre simplement à l'exploitation de plus en plus brutale que nous impose un système capitaliste en crise croissante, quand nous disons « assez ! » et quand nous entrons en lutte quelles que soient nos chances de gagner.

Les États-Unis sont le pays qui a le pourcentage le plus élevé au monde de sa population derrière les barreaux. Pour les dirigeants U.S., il ne s'agit pas d'un choix mais d'une condition préalable et nécessaire au maintien de leur domination à l'intérieur des frontières et à l'étranger. Aujourd'hui, Gerardo, Ramón, Antonio et Fernando se retrouvent parmi les 2,3 millions d'hommes et de femmes dans les prisons U.S. et les presque 5 millions qui, comme René, sont soumis à une forme ou une autre de sursis, de libération conditionnelle ou « de mise en liberté surveillée. » Sans l'avoir eux-mêmes choisi, ils se tiennent aux premiers rangs de la lutte des classes aux États-Unis. Et les travailleurs et les agriculteurs aux États-Unis, qui en nombre croissant *sont* en train de trouver les moyens de résister, découvrent un exemple dans les Cinq.

Le troisième objectif est de fournir des informations qui aideront tous ceux qui s'impliquent dans cette lutte à travers le monde. La nouvelle édition comprend pour la première fois non seulement une présentation du livre faite à la Foire du livre internationale de La Havane en février 2012, mais aussi plusieurs articles récents du *Militant* qui continuent d'approfondir notre appréciation du caractère et du calibre révolutionnaires de chacun des Cinq Cubains et des membres de leurs familles.

Un certain nombre d'éléments spéciaux ont également été ajoutés. On trouvera notamment une chronologie politique de la cause des Cinq, un résumé des chefs d'accusation dont chacun a été reconnu coupable et des peines infligées à chacun d'eux, ainsi que des extraits d'opinions rendues par des juges de la cour d'appel des États-Unis qui ont réexaminé le procès-verbal et qui auraient cassé les condamnations si leurs décisions n'avaient pas été renversées par la suite. On trouvera également dans cette édition une liste de quelques-uns des milliers d'individus, d'organisations et d'institutions aux États-Unis et dans le monde qui ont apporté leur soutien à la bataille pour obtenir la libération des Cinq, ainsi que des déclarations par certains des plus connus d'entre eux.

Le mérite de ces ajouts revient aux individus et organisations de différents coins du monde, de l'Indonésie et l'Iran à la France et aux États-Unis, qui ont demandé avec insistance d'autres informations et documents pour les aider à comprendre l'affaire et à la présenter à d'autres qui commencent seulement maintenant à connaître les Cinq Cubains et à les soutenir.

Ces demandes ont suscité la préparation de réponses sous une forme conçue pour être utile à tous ceux qui s'impliquent dans cet effort international, y compris 350 comités dans 114 pays, des milliers d'individus et des centaines d'organisations politiques qui travaillent à construire ce que Gerardo Hernández a décrit à juste titre comme « le jury de millions de personnes qui feront connaître notre vérité. »

Mary-Alice Waters
Martín Koppel
LE 1ER AVRIL 2013

« UN JOUR MA CHEMISE DE PRISONNIÈRE SERA AUSSI SUSPENDUE À UN CROCHET »

Présentation à La Havane des Cinq Cubains

Mary-Alice Waters

Les Cinq Cubains : qui ils sont, pourquoi le coup monté contre eux, pourquoi ils doivent être libres a été lancé à la Foire internationale du livre de La Havane le 18 février 2012. Kenia Serrano, présidente de l'Institut cubain d'amitié avec les peuples, qui dirige la lutte internationale pour libérer les Cinq Cubains, et Mary-Alice Waters, présidente des éditions Pathfinder et l'une des auteurs et éditeurs de ce livre, ont pris la parole.

Le programme comprenait aussi des lectures de poèmes dédiés aux Cinq par deux des poètes les plus connus de Cuba, Pablo Armando Fernández et Edel Morales, vice-président de l'Institut cubain du livre. L'événement a été célébré dans une salle à l'intérieur de l'historique forteresse La Cabaña qui surplombe la baie de La Havane. Une exposition des remarquables tableaux de papillons créés par l'un des cinq héros, Antonio Guerrero, pour le musée d'histoire naturelle de La Havane entourait le public.

Aux premiers rangs du public se trouvaient plusieurs membres des familles des cinq révolutionnaires : María Eugenia Guerrero, soeur d'Antonio, et Adriana Pérez, Olga Salanueva et Rosa Aurora Freijanes, épouses respectivement de Gerardo Hernández, René González et Fernando González. Kenia Serrano a rendu hommage à ces femmes qu'elle a décrites comme « toutes des Marianas. » Elle faisait allusion au courage et à la détermination inébranlables de Mariana Grajales, une des grandes combattantes dans la lutte pour l'indépendance de Cuba contre la domination coloniale espagnole au dix-neuvième siècle.

Ce qui suit est la présentation de Mary-Alice Waters.

De la part des éditions Pathfinder, je vous souhaite la bienvenue à tous et particulièrement à Kenia Serrano, présidente de l'Institut cubain d'amitié avec les peuples, et aux membres des familles de Gerardo, Ramón, Antonio, Fernando et René qui se trouvent parmi nous.

C'est un plaisir de présenter ce livre aujourd'hui au milieu de cette impressionnante galerie de peintures d'Antonio et avec la musique en paroles de Pablo Armando Fernández et d'Edel Morales.

Les Cinq Cubains est une sélection d'articles des pages du journal *The Militant*, « un hebdomadaire socialiste publié en défense des intérêts des travailleurs, » comme l'affirme fièrement son titre de une. Avec des pages publiées chaque semaine en anglais et en espagnol, le *Militant* est distribué et lu aux États-Unis, au Canada, au Royaume-Uni, en Australie, en Nouvelle-Zélande et dans d'autres pays.

Cette sélection parmi près de 200 articles parus au cours des années de la lutte pour libérer

MAURA DELUCA/MILITANT

Présentation du livre *Les Cinq Cubains* à la Foire internationale du livre de La Havane en février 2012. De gauche à droite : Mary-Alice Waters ; Kenia Serrano, présidente de l'Institut cubain d'amitié avec les peuples ; le poète Edel Morales, vice-président de l'Institut cubain du livre.

les cinq combattants ne prétend pas être le livre définitif. Elle ne cherche pas à couvrir tout ce qui est important dans le combat mené sur de multiples fronts pour obtenir la liberté de nos camarades. Ce livre paraît dans l'espoir qu'il deviendra l'une des nombreuses armes dans cette bataille. Nous avons choisi ce format parce qu'il permet facilement de produire de nouvelles éditions, d'adapter le contenu en fonction des besoins afin de rendre compte de nouveaux développements, d'éliminer les éléments devenus dépassés et d'incorporer de nouvelles photos et déclarations de soutien.

Notre engagement est de maintenir cette sélection à jour *aussi longtemps qu'il le faudra*. Et quand aucune mise à jour ne sera plus nécessaire, nous republierons *Les Cinq Cubains* avec une introduction de victoire !

Ce livre a pour but de fournir à tous ceux qui le lisent des informations sur le genre d'êtres humains que sont Gerardo, Ramón, Antonio, Fernando et René. Il vise à permettre aux travailleurs à travers le monde et particulièrement aux États-Unis de comprendre ce qui paraîtrait autrement inexplicable.

Pourquoi, malgré toutes les preuves du contraire, nos cinq camarades ont-ils été déclarés coupables de complot en vue de commettre de l'espionnage contre le gouvernement U.S. et même, dans le cas de Gerardo, de complot en vue de commettre un meurtre ? Pourquoi ont-ils été enfermés avec des peines allant jusqu'à la double perpétuité plus 15 ans ?

Notre but est de permettre à ceux qui lisent le livre de faire le lien entre ce cauchemar et nos propres expériences de travailleurs, qui refusons simplement de renoncer à nos droits, à notre dignité et au futur pour lequel nous luttons.

Notre objectif est de permettre à une avant-garde encore petite mais croissante de travailleurs combatifs, et de jeunes attirés par leurs luttes, de comprendre pourquoi la lutte pour obtenir la libération des Cinq Cubains est *notre* combat et fait partie de la lutte de classe à l'intérieur des États-Unis comme au niveau international.

S'il y a une chose que j'espère que vous, qui êtes ici aujourd'hui, emporterez avec vous, c'est notre conviction que le combat pour le retour de nos cinq frères cubains *se gagnera*, non par la bonne volonté de Barack Obama (ou de n'importe quel autre président désigné par un parti de l'empire impérialiste), mais grâce à ce qui est en train de changer dans le monde d'aujourd'hui : la résistance des travailleurs aux États-Unis et dans le monde face aux conséquences *pour nous* de la crise croissante du capitalisme, une crise qui en est encore à ses débuts. Des rues de Grèce et d'Espagne aux usines à travers les États-Unis, ce n'est pas nous qui sommes à l'initiative des luttes ; ce sont les employeurs et leur appareil d'État qui nous imposent ces batailles.

Mais de plus en plus, comme l'a fait le peuple cubain à plusieurs reprises, les travailleurs et les agriculteurs aux États-Unis commencent à dire « Assez ! » Au cours des mois et des années à venir de la crise capitaliste mondiale, d'autres se lèveront et combattront. Notre dignité même en tant qu'êtres humains libres en dépend.

« Expliquer ce qui paraîtrait autrement inexplicable » commence avec la révolution cubaine elle-même. Pourquoi chacun des Cinq a-t-il accepté la dangereuse mission qu'on lui confiait : vivre et travailler aux États-Unis pour recueillir des renseignements sur les Frères à la rescousse et sur d'autres groupes contre-révolutionnaires, dont certains sont organisés en unités paramilitaires fonctionnant ouvertement dans le sud de la Floride avec la pleine connaissance, sinon la complicité, de Washington ? Pourquoi chacun de nos *compañeros* a-t-il fièrement affirmé dans la salle d'audience que si on lui demandait à nouveau d'accepter cette mission, il le ferait sans hésitation ?

Leur travail a commencé de nombreuses années avant les provocations des Frères à la rescousse, qui ont mené en février 1996 à la destruction de deux des avions de l'organisation dans l'espace aérien cubain et au coup monté contre Gerardo pour complot en vue de commettre un assassinat. Cette histoire est cependant le meilleur exemple du caractère urgent de la mission qu'ils avaient entreprise.

Se faisant passer pour une opération « humanitaire » afin de sauver les Cubains qui cherchent à traverser le détroit de Floride dans de fragiles embarcations, les pilotes des Frères à la rescousse dirigés par José Basulto, que la CIA avait entraîné, ont violé de façon répétée l'espace aérien cubain. Les dirigeants du groupe l'ont fait en sachant parfaitement que Cuba, comme tout pays souverain, défendrait son peuple et son territoire.

L'intention était évidente : précipiter une action militaire cubaine contre l'intrusion d'avions civils pilotés à partir des États-Unis par des citoyens U.S. dans l'espoir de provoquer des représailles militaires de Washington. Le gouvernement cubain a réussi à empêcher le déroulement de cette séquence d'événements mais l'administration Clinton était déterminée à trouver un moyen de faire quand même payer un lourd tribut au peuple cubain. Et elle l'a fait.

Ça n'a pas été seulement l'intensification brutale d'une guerre économique vieille de plusieurs décennies codifiée par la loi Helms-Burton. Ça a aussi été l'arrestation, le coup monté, la condamnation et les peines draconiennes infligées aux cinq personnes qui représentent l'exemple le plus remarquable du genre d'hommes et de femmes qu'une véritable révolution socialiste a rendu possible.

Sans cette perspective plus large sur les objectifs de Washington, les travailleurs et les jeunes aux États-Unis ont du mal à comprendre pourquoi les Cinq sont en prison, pourquoi les appels humanitaires sont tombés dans les oreilles de sourds et pourquoi la lutte pour les libérer est avant tout un combat *politique* en défense de la révolution cubaine. C'est seulement dans cette vaste étendue historique qu'ils pourront commencer à apprécier le calibre de ces cinq révolutionnaires et à s'identifier à eux comme le genre de combattants qu'ils espèrent eux-mêmes devenir.

Gerardo, Ramón, Antonio, Fernando et René, comme leurs épouses, leurs mères et toutes les personnes qui leur sont chères, n'agissent pas comme des victimes, encore moins comme des martyrs qui souffrent cloués sur une croix. Ils agissent comme les prolétaires internationalistes qu'ils sont, en tant que combattants révolutionnaires qui occupent leur place en première ligne de la bataille, où qu'ils se trouvent. C'est pourquoi Washington les hait autant.

Comme beaucoup d'entre vous le savent bien, il y a quelque 2,3 millions d'hommes et de femmes incarcérés dans les prisons des États-Unis. C'est le pays sur terre qui a le pourcentage le plus élevé de prisonniers par rapport à sa population. L'écrasante majorité d'entre eux sont des travailleurs victimes de coups montés et expédiés en prison sans procès après avoir été soumis à un chantage les menaçant de passer des dizaines d'années derrière les barreaux et parfois d'être punis de mort. Ils font ainsi l'objet de pressions pour plaider coupables

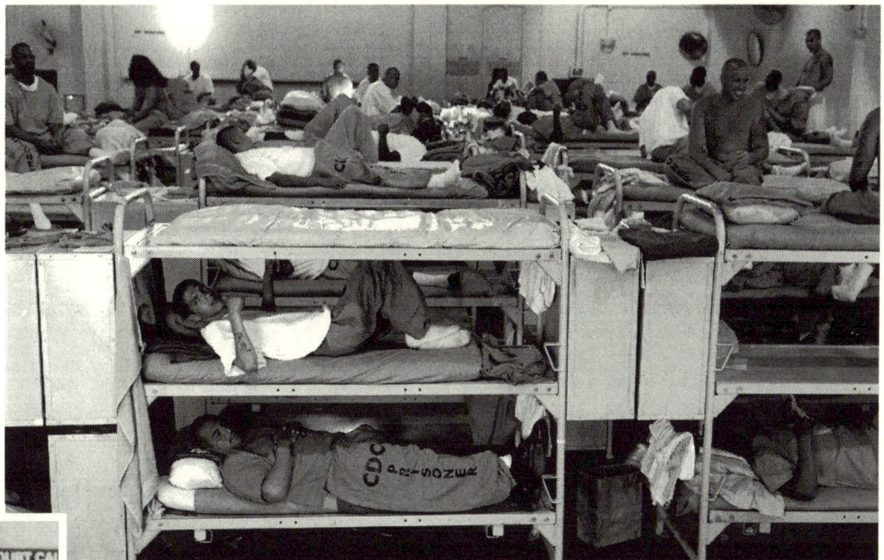

« Il y a quelque 2,3 millions de personnes dans les prisons U.S. L'écrasante majorité sont des travailleurs, expédiés en prison sans procès après avoir été poussés à plaider coupable d'un « moindre » crime qu'ils n'ont pas commis, » a déclaré Mary-Alice Waters. **En haut :** Prison d'État de Californie à Los Angeles, août 2006. **À gauche :** Vincent Thames (au centre) et Terrill Swift (à droite) quittent le tribunal de Chicago en novembre 2011, suite à la décision d'un juge d'ordonner un nouveau procès pour viol et meurtre, qu'eux et deux autres personnes avaient « avoués » sous la pression de la police. Les quatre ont passé plus de 15 ans derrière les barreaux.

d'un « moindre » crime qu'ils n'ont pas commis. Ce scandale, *qui représente 97 pour cent de toutes les « condamnations » au niveau fédéral*, est délicatement appelé « négocier un aveu. »

Il a fallu une décennie de guerre civile sanglante aux États-Unis au dix-neuvième siècle, suivie d'une lutte révolutionnaire, pour que les travailleurs et les agriculteurs conquièrent le quatorzième amendement à la constitution U.S., qui affirme le droit à une « protection égale sous la loi. » Il faudra une autre révolution aux États-Unis, dirigée par la classe ouvrière et ses alliés, pour que ce droit constitutionnel devienne une réalité pour les travailleurs.

Au sein de la classe ouvrière et surtout parmi les Américains africains et les autres peuples opprimés, il n'y a presque aucune famille qui n'a pas un parent qui est ou a été en prison, ou qui ne connaît pas quelqu'un parmi ses amis, ses connaissances ou ses collègues de travail qui est ou a été en prison, qui a reçu une peine avec sursis ou qui se trouve actuellement en liberté conditionnelle et est étroitement surveillé.

Les coups montés contre les travailleurs ont toujours fait partie intégrante du système de domination de classe. Ce qui a été fait aux Cinq Cubains est quelque chose de beaucoup trop familier pour la vaste majorité des travailleurs aux États-Unis. C'est une des raisons pour lesquelles, à mesure qu'ils apprennent ce qui leur est arrivé, les travailleurs s'identifient à Gerardo, Ramón, Antonio, Fernando et René et les respectent.

Nous connaissons par notre propre expérience le travail politique que chacun des Cinq effectue en prison. Nous le savons, non seulement à partir de ce qu'ils décrivent eux-mêmes dans leurs lettres, mais aussi grâce aux demandes assez fréquentes pour des abonnements au *Militant* et des livres Pathfinder de la part de prisonniers que l'un ou l'autre des *compañeros* a croisés. Le *Militant* et les éditions Pathfinder offrent depuis longtemps des prix réduits aux prisonniers.

Un prisonnier a récemment demandé un exemplaire de *Che Guevara Talks to Young People*, en disant qu'il avait vu un exemplaire des *Cinq Cubains* en anglais et qu'il avait été impressionné car il connaissait l'un d'entre eux, Antonio. « Lui et moi avons discuté de différents sujets concernant le monde que nous partageons tous, a écrit ce prisonnier. Moi et beaucoup de gens dans le monde apprécions l'aide que vous apportez à leur lutte. »

SCHOMBURG CENTER/NEW YORK PUBLIC LIBRARY

« Il a fallu une décennie de guerre civile sanglante aux États-Unis au dix-neuvième siècle, suivie d'une lutte révolutionnaire pour que les travailleurs et les agriculteurs conquièrent le quatorzième amendement à la constitution U.S., qui affirme le droit à une « protection égale sous la loi. » Il faudra une autre révolution aux États-Unis, dirigée par la classe ouvrière et ses alliés, pour que ce droit constitutionnel devienne une réalité pour les travailleurs, » a dit Mary-Alice Waters. **En haut :** Après la guerre civile U.S., des Noirs récemment affranchis dans le comté de Lincoln en Géorgie vont voter en traversant à gué un ruisseau, fusils à la main.

Pourquoi avons-nous confiance qu'ensemble nous gagnerons la bataille pour la libération de nos cinq camarades ?

La crise économique capitaliste qui a explosé avec une telle violence en 2008 a de profondes conséquences pour la classe ouvrière aux États-Unis. Les niveaux élevés de chômage à long terme, les millions de familles qui ont perdu leur logement, leur couverture médicale, leurs pensions de retraite, leurs épargnes et leurs espoirs pour l'avenir : tout cela a un impact qui demeure dévastateur.

Pour des millions de travailleurs qui réussissent enfin à trouver un nouvel emploi, c'est généralement à une fraction de leur salaire précédent. D'autres, qui se comptent également par millions, ont tout simplement cessé de chercher un emploi et ne sont plus considérés comme faisant partie de la population active. On ne les compte même plus dans les statistiques mensuelles de chômage les plus largement utilisées par le gouvernement.

L'accélération brutale des cadences de production, l'augmentation des heures de travail et l'intensification du travail, accompagnées de réductions radicales des salaires, en particulier pour les nouveaux embauchés, ont donné aux employeurs un goût de sang. Usine après usine, les propriétaires exigent de nouvelles concessions sur les salaires et les conditions de travail puis déclenchent un lock-out contre les travailleurs qui refusent d'accepter les nouveaux termes du « contrat ».

DAWN DES BRISAY

« Au fur et à mesure qu'ils traversent leurs propres expériences, les travailleurs apprennent rapidement par eux-mêmes comment les policiers et les tribunaux sont montés contre ceux qui luttent, qui résistent, qui refusent d'accepter les conditions que le capitalisme nous impose. Et surtout, comment les policiers et les tribunaux sont utilisés contre ceux qu'ils ne peuvent pas briser. Ces militants commencent à comprendre et admirer les cinq combattants cubains et, au cours des batailles à venir, en viendront à suivre leur exemple de détermination et de courage, » a dit Mary-Alice Waters. **En haut :** Port de Longview, État de Washington, septembre 2011. Les policiers attaquent des travailleurs des docks qui dénoncent les efforts des patrons pour se débarrasser de leur syndicat dans le terminal céréalier.

Ceci ne reflète pas un *choix* de la part des capitalistes U.S. C'est le cours qu'ils *doivent* poursuivre s'ils veulent se remettre d'une crise qui est produite par leur système et non par les travailleurs. Des niveaux de salaires inférieurs ; des travailleurs divisés en deux ou plusieurs « niveaux » et qui font côte à côte exactement le même travail mais à des conditions et des salaires radicalement différents ; une armée de réserve grandissante de travailleurs sans emploi ; des syndicats qui ne peuvent plus défendre leurs propres accords d'entreprise encore moins agir comme porte-parole des opprimés et des exploités ; l'augmentation du nombre de sans-abri ; l'incarcération à grande échelle de jeunes travailleurs en colère, surtout ceux qui sont américains africains : ce sont toutes des *conditions préalables et nécessaires* d'une reprise capitaliste.

Vous avez beaucoup entendu parler des activités qui ont eu lieu sous le nom de « Occupons Wall Street » ou « Occupons » autre chose. Mais sauf si vous lisez le *Militant*, vous ne connaissez probablement pas l'ampleur de la résistance des travailleurs aux États-Unis.

Le cas des Cinq Cubains n'est pas la seule chose que les médias bourgeois refusent de couvrir. Mais ce silence n'est pas un complot. Ils ne sont pas obligés de comploter. Personne n'a besoin de leur dire qu'il n'est pas dans leur intérêt que les travailleurs apprennent de l'exemple de ceux qui résistent aux conditions qui leur sont imposées.

Mais ce qui se passe au cours de ces batailles syndicales aura des conséquences beaucoup plus durables que le mécontentement enregistré par le phénomène « Occupons ». Cela est important surtout parce que les travailleurs d'avant-garde apprennent les uns des autres et se tendent mutuellement une main de solidarité par-delà les secteurs industriels, les régions et les frontières nationales.

Depuis des travailleurs du sucre, non loin de la frontière canadienne dans le nord du Minnesota et du Dakota du Nord, aux travailleurs du pneu dans l'Ohio, aux travailleurs qui manifestent contre les lois anti-immigrants en Alabama, aux dockers dans l'État de Washington sur la côte Ouest, les batailles syndicales ont une intensité et une âpreté qui dépassent ce qu'on a vu aux États-Unis depuis un certain temps*.

Il y a à peine quelques semaines, au cours d'un conflit avec les travailleurs du port de Longview dans l'État de Washington, l'administration Obama a ordonné aux garde-côtes d'escorter un navire lors de son arrivée et de le protéger pendant son chargement par des briseurs de grève. Une confrontation plus grave a pu être évitée à la dernière minute grâce à un accord intervenu pour rétablir la protection syndicale pour les dockers dans une entreprise importante sur ces quais.

Cependant, plus de 200 travailleurs portuaires ont été arrêtés au cours de ce bras de fer et accusés de crimes pour lesquels certains d'entre eux doivent encore s'attendre à des batailles juridiques coûteuses et à l'éventualité de longues peines d'emprisonnement s'ils sont condamnés.

C'est sur ce genre de champ de bataille que *Les Cinq Cubains* est vendu et que des dizaines de travailleurs ayant des abonnements au *Militant* — le journal dans lequel ces articles ont initialement paru — ne lisent pas seulement sur eux-mêmes et leurs luttes. Ils lisent également semaine après semaine des articles sur Gerardo, Ramón, Antonio, Fernando et René. Au fur et à mesure qu'ils traversent leurs propres expériences, ils apprennent rapidement par eux-mêmes comment les policiers et les tribunaux sont montés contre ceux qui luttent, qui résistent, qui refusent d'accepter les conditions que le capitalisme nous impose. Et surtout, comment les policiers et les tribunaux sont utilisés contre ceux qu'ils ne peuvent pas briser. Ces militants commencent à comprendre et admirer les cinq combattants cubains et, au cours des batailles futures, en viendront à suivre leur exemple de détermination et de courage.

Pendant que s'intensifiait la bataille des dockers de la côte Ouest, le syndicat des enseignants ainsi que des étudiants d'une université de Seattle ont organisé une exposition des peintures de prison d'Antonio, comme celle qui nous entoure ici.

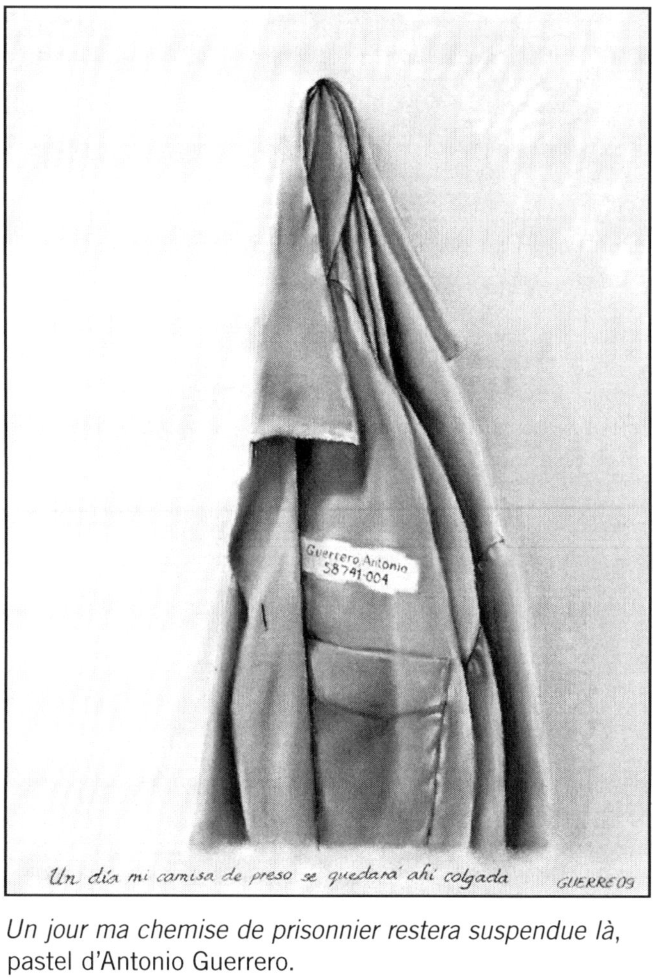

Un jour ma chemise de prisonnier restera suspendue là, pastel d'Antonio Guerrero.

* Quelque 1 300 membres du Syndicat international des travailleurs et travailleuses de la boulangerie, confiserie, tabac et meunerie dans le nord du Midwest luttent depuis le 1er août 2011 contre un lock-out imposé par American Crystal Sugar après avoir refusé les concessions exigées par les patrons concernant leur convention collective.

Environ 1 050 membres de la section locale 207L du Syndicat des métallos ont été lockoutés le 28 novembre 2011, à Findlay dans l'Ohio, après avoir rejeté les exigences de Cooper Tire and Rubber Co. qui proposait de réduire les salaires, d'augmenter les cadences et d'imposer aux nouveaux embauchés un salaire et des avantages inférieurs. Le lock-out a pris fin après que les travailleurs ont voté un accord d'entreprise le 27 février 2012.

Les membres de la section locale 21 du Syndicat international des débardeurs et des travailleurs d'entrepôt (ILWU) ont mené une lutte de six mois contre la tentative d'EGT Development d'exclure le syndicat de son terminal dans le port de Longview dans l'État de Washington. Si elle avait réussi, EGT aurait créé un précédent en faisant fonctionner pour la première fois en 80 ans un terminal céréalier de la côte Ouest sans travailleurs membres de l'ILWU. Après une lutte de huit mois, EGT a accepté d'embaucher des membres de l'ILWU.

Une travailleuse du port arrêtée lors d'une mobilisation organisée par le syndicat et qui s'est retrouvée confrontée à des accusations criminelles fabriquées de toutes pièces a vu une carte postale qui faisait la promotion de l'exposition de Seattle avec une reproduction de la chemise de prisonnier qu'Antonio a peinte. Elle a réagi, avec une touche d'appréhension masquée par la détermination et la fierté, en disant : « Un jour ma chemise de prisonnière sera elle aussi suspendue à un crochet. »

Des dockers aux travailleurs du sucre et au-delà, voilà les hommes et les femmes qui gonfleront les rangs de ce que Gerardo a appelé avec raison le « jury de millions de personnes » qui les libérera. C'est sur ce chemin, là où les batailles de classe s'intensifient en raison du fonctionnement même du système capitaliste, que se gagnera leur liberté.

C'est ce qui donne confiance à ceux qui, comme nous aux États-Unis, se battent pour libérer les Cinq.

C'est pourquoi la publication des *Cinq Cubains* et la façon dont ce livre sera utilisé à travers le monde sont si importantes.

CHRONOLOGIE DE LA CAUSE DES CINQ CUBAINS

1er janvier 1959 : La dictature de Fulgencio Batista, appuyée par les États-Unis, tombe quand une insurrection populaire déferle sur le pays, initiée par les victoires de l'Armée rebelle et par la direction du Mouvement du 26 juillet sous Fidel Castro. Les travailleurs et paysans cubains commencent à transformer dans leur intérêt la société cubaine et ses fondements économiques en même temps que se transforme le gouvernement révolutionnaire lui-même.

Janvier 1959 à aujourd'hui : Washington entreprend dès le début de freiner les mobilisations populaires et de renverser le nouveau gouvernement. Parmi ses principaux instruments se trouvent des groupes cubains contre-révolutionnaires armés, organisés et financés par de grands propriétaires fonciers et d'anciens hommes de main de Batista, qui cherchent à rétablir leurs prérogatives perdues. Regroupés dans le sud de la Floride, ces groupes, de plus en plus entraînés et organisés par la CIA, opèrent en toute impunité sur le territoire des États-Unis. Pendant cinq décennies, près de 3 500 Cubains sont tués et 2 100 blessés au cours d'attaques lancées pour la plupart à partir des États-Unis.

1975 à 1991 : Dans la continuité de l'internationalisme anti-impérialiste de la révolution cubaine depuis des décennies, plus de 375 000 Cubains, y compris le meilleur des générations de l'après-1959, s'engagent comme volontaires pour combattre en Angola. Les volontaires cubains aident le gouvernement nouvellement indépendant à repousser les invasions du régime suprématiste blanc d'Afrique du Sud. Parmi les volontaires se trouvent René González (1977-1979), Fernando González (1987-1989) et Gerardo Hernández (1989-1990).

1989 à 1991 : La désintégration des régimes du bloc soviétique entraîne le brusque effondrement de 85 pour cent du commerce extérieur de Cuba et précipite une grave crise économique que les Cubains appellent la période spéciale. La politique du gouvernement U.S. encourage de nombreux Cubains touchés par des difficultés économiques extrêmes à partir pour les États-Unis en traversant le détroit de Floride sur de fragiles embarcations. Ce sont les « *balseros* ». Convaincus que le gouvernement révolutionnaire de La Havane est sur le point de tomber, les groupes contre-révolutionnaires basés aux États-Unis intensifient leurs opérations.

Depuis décembre 1990 : René González (1990), Ramón Labañino (1992), Antonio Guerrero (1992), Gerardo Hernández (1994) et Fernando González (1997) commencent leurs missions de collecte de renseignements dans le sud de la Floride. L'objectif est d'informer les autorités cubaines des provocations et des attaques violentes planifiées par les groupes contre-révolutionnaires cubains américains contre des Cubains et des partisans de la révolution cubaine à Cuba, aux États-Unis et ailleurs.

Mai 1991 : Entraîné par la CIA, José Basulto lance à Miami les Frères à la rescousse, qu'il décrit comme une initiative « humanitaire » pour sauver les *balseros*.

Mi-1994 à février 1996 : Le nombre de personnes qui tentent de franchir le détroit diminue après la signature d'accords de migration entre les États-Unis et Cuba. Les Frères à la rescousse multiplient leurs vols à l'intérieur de l'espace aérien cubain. Ils cherchent à provoquer une action militaire cubaine contre des avions civils américains non armés et pilotés par des citoyens américains dans le but de précipiter des représailles militaires de Washington. La Havane avertit à plusieurs reprises les Frères à la rescousse et Washington que Cuba défendra son territoire et son espace aérien contre des incursions répétées.

24 février 1996 : Au cours de la vingt-sixième incursion en 20 mois, trois avions des Frères à la rescousse pénètrent de nouveau dans l'espace aérien cubain. Ils refusent de tenir compte des avertissements et de rebrousser chemin. Deux d'entre eux sont abattus par l'aviation militaire cubaine. Quatre pilotes meurent. Trois sont citoyens américains et un est résident permanent. L'avion de José Basulto s'échappe. Les provocations des Frères à la rescousse dans l'espace aérien cubain cessent.

12 mars 1996 : Par représailles, le président Clinton signe la loi Helms-Burton pour intensifier la guerre économique de Washington contre Cuba, guerre qui dure depuis plusieurs décennies.

1995 à 1998 : Des agents du FBI espionnent Gerardo Hernández, Ramón Labañino, Antonio Guerrero, René González, Fernando González et d'autres. À partir d'août 1996, ils commencent secrètement à entrer par effraction dans leurs appartements dans le sud de la Floride et à copier leurs fichiers informatiques. Ils sont munis de mandats émis par la cour de surveillance des services de renseignement étrangers, qui fonctionne à huis clos à l'intérieur du département de la Justice.

Avril à novembre 1997 : Série d'attentats à la bombe contre des hôtels et des sites touristiques à La Havane, organisés par des groupes basés aux États-Unis. Un visiteur italo-canadien, Fabio Di Celmo, est tué par une explosion à l'hôtel Copacabana.

16 et 17 juin 1998 : À l'initiative de Cuba, le FBI et des responsables de la sécurité de l'État cubain se rencontrent à La Havane. Les services de renseignements cubains fournissent au FBI des preuves abondantes de plans d'assassinats, d'attentats à la bombe et d'autres attaques par plusieurs groupes basés aux États-Unis contre des Cubains et des partisans de la révolution à Cuba et ailleurs.

12 septembre 1998 : Au cours de descentes faites en fin de semaine avant l'aube, des agents du FBI arrêtent 10 personnes qu'ils accusent de faire partie d'un « réseau d'espionnage cubain. » Quatre autres personnes citées dans les mandats d'arrestation ne seront jamais retrouvées. Cinq des personnes appréhendées « coopèrent » avec le procureur alors que Washington commence à fabriquer un coup monté contre Gerardo Hernández, Ramón Labañino, Antonio Guerrero, René González et Fernando González, que les responsables U.S. n'arrivent pas à briser.

2 octobre 1998 : Un grand jury fédéral énonce les accusations, qui vont d'agissements en tant qu'agent étranger non enregistré à complot en vue de commettre de l'espionnage.

Septembre 1998 à février 2000 : Les cinq révolutionnaires, à qui on refuse la libération sous caution, sont maintenus pendant 17 mois dans des unités spéciales d'isolement, le « trou », au centre de détention fédéral de Miami. Gerardo Hernández est maintenu en isolement cellulaire, sans aucun contact avec quiconque, pendant les six premiers mois, les autres, quelques semaines de moins.

7 mai 1999 : Les procureurs fédéraux accusent Gerardo Hernández de complot en vue de commettre un meurtre pour son prétendu rôle dans la destruction en vol des avions des Frères à la rescousse en 1996.

Novembre 1999 à juin 2000 : Elián González, un enfant cubain de 6 ans dont la mère est morte en mer, est recueilli par les garde-côtes U.S. et remis à Miami à des parents éloignés. Les condamnations de ce geste se multiplient au niveau mondial. Mais l'administration Clinton refuse pendant six mois de rendre Elián González à son père à La Havane. En avril 2000, des commandos de la police de l'immigration font une descente dans la maison où il se trouve et s'emparent de l'enfant, qui retourne rejoindre son père à Cuba en juin. Tout au long de l'affrontement, des Cubains américains d'extrême droite descendent dans les rues pour exiger que l'enfant reste aux États-Unis.

5 janvier 2000 : Plaidant que les Cinq ne peuvent bénéficier d'un procès impartial à Miami, les avocats des Cinq Cubains déposent la première de multiples motions en faveur d'un changement de lieu. Toutes sont rejetées par la juge de district fédéral Joan Lenard.

16 août 2000 : Des policiers de l'immigration arrêtent Olga Salanueva dans une vaine tentative de convaincre son mari René González de témoigner contre les quatre autres. Accusée de violation des conditions de résidence, elle passe trois mois dans une prison de l'État avant d'être expulsée vers Cuba, quelques jours avant le début du procès.

27 novembre 2000 : Le procès monté de toutes pièces s'ouvre devant le tribunal de district fédéral américain à Miami, présidé par la juge Joan Lenard. Au cours de l'un des plus longs procès de l'histoire des États-Unis, trois généraux et un amiral américains à la retraite témoignent qu'il n'existe aucune preuve d'espionnage. Vers la fin du procès, l'accusation informe la cour qu'elle fait face à un « obstacle insurmontable » pour prouver que Gerardo Hernández *avait l'intention* de faire en sorte que les avions des Frères à la rescousse soient abattus au-dessus des eaux internationales, élément essentiel pour pouvoir l'accuser de complot en vue de commettre un meurtre.

8 juin 2001 : Chacun des Cinq est reconnu coupable des chefs d'accusation qui pesaient contre lui.

17 juin 2001 : Les Cinq publient un « Message au peuple américain » dans lequel ils affirment : « Nous ne regrettons pas ce que nous avons fait pour notre pays. Nous nous déclarons totalement innocents. Le devoir accompli envers notre peuple et notre patrie nous réconforte. »

26 juin 2001 : Les Cinq sont dépouillés de tous leurs effets personnels et renvoyés au « trou » pendant 48 jours.

11 septembre 2001 : Attaques contre le World Trade Center et le Pentagone. Au nom de la « guerre contre le terrorisme, » le gouvernement U.S. adopte le *USA Patriot Act* et met en oeuvre de nouvelles mesures visant à restreindre les droits constitutionnels.

7 octobre 2001 : Le gouvernement U.S. lance la guerre en Afghanistan.

12 au 27 décembre 2001 : Les Cinq Cubains sont condamnés : Gerardo Hernández, à deux fois la perpétuité et 15 ans ; Ramón Labañino, à la perpétuité et 18 ans ; Antonio Guerrero, à la perpétuité et 10 ans ; Fernando González, à 19 ans ; René González, à 15 ans. Chacun d'eux est transféré dans une prison fédérale distincte à travers les États-Unis.

Avril 2002 : La première demande de visa d'Olga Salanueva pour rendre visite à René est refusée. Depuis lors, Washington a refusé chaque demande de visa et l'a déclarée « définitivement inéligible » pour entrer aux États-Unis.

25 juillet 2002 : Avec un visa accordé par Washington, Adriana Pérez voyage aux États-Unis pour rendre visite à son mari Gerardo Hernández. À l'aéroport de Houston, des agents du FBI la détiennent pendant 11 heures. Ils l'interrogent puis la renvoient à Cuba. Le gouvernement U.S. a refusé par la suite toutes ses demandes de visa.

28 février au 4 mars 2003 : À la veille de la guerre contre l'Irak, chacun des Cinq Cubains est jeté en cellule de confinement solitaire. Les officiels U.S. annoncent que pour des raisons de « sécurité nationale, » ils pourraient les maintenir au trou pendant une année supplémentaire.

19 mars 2003 : Le gouvernement U.S. lance l'invasion puis l'occupation de l'Irak.

18 mars au 8 avril 2003 : Le gouvernement cubain démantèle un réseau de 75 « dissidents » impliqués dans des activités financées par des programmes gouvernementaux U.S. et pilotées par le personnel diplomatique U.S. à La Havane. Jugés et trouvés coupables de collaborer avec des fonctionnaires et agences U.S. dans le but de miner le gouvernement cubain, ils sont condamnés à des peines de prison allant de 6 à 28 ans.

31 mars 2003 : Les Cinq sortent de leur cellule de confinement solitaire.

Avril à mai 2003 : L'équipe de défense présente son premier appel devant la cour d'appel du onzième circuit à Atlanta, en dépit du fait que le contact réduit avec les Cinq pendant leur mois de confinement solitaire a perturbé la préparation de ce recours.

27 mai 2005 : Le Groupe de travail de l'ONU sur la détention arbitraire émet un rapport qui conclut que la procédure judiciaire employée contre les Cinq Cubains ne répond pas « au standard d'un procès juste » et que leur emprisonnement a « un caractère arbitraire. »

9 août 2005 : Un comité de trois juges de la cour d'appel des États-Unis à Atlanta rejette unanimement les condamnations et ordonne un nouveau procès, en soulignant le caractère préjudiciable de la « tempête parfaite » dans le comté de Miami-Dade créée par une publicité négative avant le procès.

31 octobre 2005 : La cour d'appel accepte la demande du gouvernement U.S. d'ignorer la décision des trois juges et de la réexaminer en session plénière.

9 août 2006 : Par une décision à 10 contre 2, la cour d'appel rétablit les condamnations et stipule que le lieu du procès (Miami) a été adéquat. Les autres questions mentionnées dans l'appel sont renvoyées au comité de trois juges.

4 juin 2008 : Le comité de trois juges confirme les condamnations par une décision prise à 2 contre 1, mais annule les peines de Ramón Labañino, Antonio Guerrero et Fernando González, qualifiées d'excessives. Les juges reconnaissent « qu'il n'y a eu aucune information secrète recueillie ou transmise » par Ramón Labañino, Antonio Guerrero ou Gerardo Hernández et que les peines à perpétuité sont donc en contradiction avec les règles fédérales. La cour rejette l'annulation de la peine à perpétuité de Gerardo Hernández pour complot d'espionnage. Elle affirme que sa seconde condamnation à perpétuité fait que la première est sans conséquence.

30 janvier 2009 : Les avocats des Cinq Cubains font appel auprès de la Cour suprême. Douze mémoires d'« amis de la cour » sont ensuite déposés au nom des Cinq. Le département de la Justice demande à la Cour de ne pas entendre la cause.

15 juin 2009 : La Cour suprême rejette le recours en appel.

13 octobre 2009 : La juge Lenard réduit la peine d'Antonio Guerrero, de la prison à perpétuité à 21 ans et 10 mois.

3 décembre 2009 : Le gouvernement cubain arrête Alan Gross, un contractuel de l'Agence du département d'État pour le développement international, au cours de sa cinquième visite à Cuba en un an. Sa détention découle de la preuve qui a été faite qu'il a distribué de l'équipement sophistiqué de communication par satellite à des individus précis, dans le cadre d'une opération U.S. secrète contre Cuba. Washington prétend qu'Alan Gross était à Cuba à titre privé afin d'aider la communauté juive à établir des contacts avec des groupes juifs dans le reste du monde.

8 décembre 2009 : La cour réduit la peine de Ramón Labañino de la perpétuité à 30 ans et celle de Fernando González, de 19 ans à 17 ans et 9 mois.

10 juin 2010 : Faute d'autre recours en appel possibles, les avocats de la défense déposent une ordonnance d'habeas corpus au nom de Gerardo Hernández. Au cours des mois suivants, des demandes similaires sont déposées pour Ramón Labañino, Antonio Guerrero et Fernando González.

7 juillet 2010 : Le gouvernement cubain annonce la libération dans un délai de quatre mois des 58 « dissidents » restants, condamnés en 2003 pour des actions financées et dirigées par le personnel du gouvernement U.S. à Cuba.

Août 2010 : Judith Gross reçoit un visa du gouvernement cubain pour rendre visite à son mari emprisonné Alan Gross. Le couple se retrouve dans une maison, qui lui est réservée pour un week-end à la plage de Tarará près de La Havane.

Novembre 2010 : Dans le cadre d'un « arrangement diplomatique confidentiel » entre les gouvernements U.S. et cubain, qui n'est pas rendu public à ce moment-là, Olga Salanueva est autorisée à entrer aux États-Unis et à rencontrer son mari une seule fois et brièvement « en échange d'une visite de famille d'un prisonnier américain détenu à Cuba. » Mais elle est séparée de ses enfants et confinée dans un hôtel sous la surveillance de gardes armés tout au long de son séjour, ce qui contraste fortement avec les égards auxquels ont eu droit Judith et Alan Gross de la part du gouvernement cubain.

16 février 2011 : Les avocats de René González déposent une requête pour l'autoriser à passer sa période de liberté conditionnelle à Cuba.

12 mars 2011 : Alan Gross est condamné par un tribunal cubain à 15 années de prison pour « actes hostiles à l'indépendance territoriale ou à l'intégrité de l'État. »

7 au 14 septembre 2011 : L'ancien gouverneur du Nouveau-Mexique Bill Richardson se rend à La Havane avec une offre de la Maison-Blanche de renoncer à la liberté conditionnelle pour René González en échange de la libération par Cuba d'Alan Gross, que Bill Richardson qualifie publiquement d'« otage ». Le gouvernement cubain rejette la proposition et souligne que la résolution du cas Gross doit se faire « d'un point de vue humanitaire et sur la base de la réciprocité. »

16 septembre 2011 : La juge Joan Lenard rejette la requête pour le retour de René González à Cuba.

7 octobre 2011 : Après 13 années et 24 jours passés en prison, René González entame ses trois années de « liberté surveillée » aux États-Unis.

24 décembre 2011 : Le gouvernement cubain annonce la libération de 2900 individus emprisonnés pour des crimes non violents, y compris tous ceux que diverses organisations internationales des « droits de l'homme » opposées à la révolution cubaine qualifient de « prisonniers de conscience. »

30 mars 2012 : Avec l'accord de la cour, René González voyage à Cuba pendant deux semaines pour rendre visite à son frère Roberto, qui meurt en juin des suites d'un cancer.

6 juin 2012 : Les avocats de Gerardo Hernández déposent une requête de divulgation des paiements effectués par le gouvernement U.S. au moment du procès à plusieurs membres des médias de Miami.

12 septembre 2012 : Les Cinq Cubains entament leur quinzième année sous la garde du gouvernement des États-Unis.

PREMIÈRE PARTIE

Pourquoi et comment Washington a monté un coup contre les Cinq Cubains

Autour du monde : soutien à la lutte pour libérer les Cinq Cubains

À droite : Manifestation devant l'ambassade U.S. à La Paz en Bolivie, le 12 septembre 2007. L'affiche dit : « Liberté pour les cinq prisonniers de l'empire. »

Au centre à droite : Marche à Beyrouth organisée par le Comité de solidarité libanais pour la libération des cinq héros cubains en septembre 2011.

En bas : Rassemblement à Stockholm en Suède le 12 septembre 2009.

CATHARINA TIRSEN/MILITANT

PAUL PEDERSON/MILITANT

En haut : Des membres de la Ligue des femmes du Congrès national africain et de FOCUS, un réseau de solidarité avec Cuba, marchent vers l'ambassade U.S. à Pretoria en Afrique du Sud, le 10 décembre 2010.

COMMENT LE COUP MONTÉ A COMMENCÉ

Martín Koppel

Aux premières heures de la matinée du samedi 12 septembre 1998, des agents du FBI ont fait irruption dans plusieurs domiciles de Miami et de ses alentours. Ils ont arrêté 10 personnes, fouillé leurs appartements de fond en comble et saisi leurs affaires personnelles. Des fonctionnaires des départements d'État et de la Justice de l'administration Clinton ont annoncé, tambour battant, qu'ils avaient découvert un « réseau d'espions cubains » dans le sud de la Floride.

Les médias du grand capital ont rapporté que les détenus étaient accusés d'avoir tenté de « pénétrer » dans le commandement sud du Pentagone, basé à Miami, ainsi que de transmettre des secrets militaires U.S. au gouvernement cubain, « d'infiltrer des groupes anticastristes » et de « manipuler les médias et des organisations politiques aux États-Unis. »

Ils avaient essayé « de frapper au coeur même de notre système de sécurité nationale et de notre démocratie, » a prétendu le procureur fédéral Thomas Scott au cours d'une conférence de presse largement diffusée depuis le quartier général du FBI à North Miami Beach.

Les procureurs fédéraux ont choisi comme cibles principales cinq des personnes arrêtées : Gerardo Hernández, Ramón Labañino, Antonio Guerrero, Fernando González et René González. Le gouvernement a annoncé qu'elles devraient répondre de l'accusation d'espionnage avec des peines pouvant aller jusqu'à la prison à perpétuité.

La vérité, c'est que les Cinq Cubains, comme on les connaît désormais dans le monde entier, ont été victimes d'un coup monté par le gouvernement U.S.

Quelle était cette activité « d'espionnage » dans laquelle ils s'étaient supposément engagés ?

Les Cinq Cubains ont expliqué fièrement et publiquement qu'ils avaient accepté la mission de tenir le gouvernement cubain informé des activités de groupes contre-révolutionnaires basés dans le sud de la Floride. Ces groupes ont à leur actif une longue série d'attaques meurtrières contre Cuba à partir du territoire des États-Unis. L'année précédente, en 1997, une série d'attentats à la bombe avait d'ailleurs eu lieu contre des hôtels à La Havane entraînant la mort d'un visiteur italo-canadien.

Non seulement Washington n'a rien fait pour empêcher de telles attaques mais il a donné le feu vert à ces groupes pendant plus de 50 ans d'agressions économiques et militaires contre la révolution cubaine.

En 2001, les Cinq ont été condamnés après un procès marqué de nombreuses violations des droits fondamentaux garantis par les dix premiers amendements à la constitution U.S. Ils ont été déclarés coupables bien que les procureurs fédéraux eussent admis qu'aucun des Cinq n'a jamais eu entre ses mains un quelconque document qualifié de secret par le gouvernement U.S.

Gerardo Hernández a été condamné à deux peines de prison à perpétuité, Ramón Labañino et Antonio Guerrero à la prison à perpétuité, René González à 15 ans et Fernando González à 19 ans de prison.

L'objectif du coup monté

Le coup monté contre les Cinq avait un double objectif.

Washington a cherché à punir les travailleurs et les agriculteurs de Cuba révolutionnaire pour avoir eu l'audace de faire une révolution socialiste à 140 km des côtes U.S. et de fournir un exemple aux travailleurs du monde entier qui luttent contre l'exploitation et l'oppression.

Il visait également les travailleurs et les agriculteurs ici aux États-Unis. Le message était clair :

réfléchissez deux fois avant de vous dresser contre le patronat et son gouvernement ; voici comment nous traitons ceux qui sont déterminés à se battre.

Mais la classe dirigeante U.S. a sous-estimé la résistance de ces cinq révolutionnaires cubains. Et elle a mésestimé la façon dont un nombre croissant de personnes allait percevoir le traitement qui leur était infligé.

De fait, les Cinq Cubains ont été aux premiers rangs de ceux qui combattent les attaques du gouvernement et des employeurs contre les droits et les conditions de vie des travailleurs aux États-Unis et dans le monde entier. Non seulement, ils ont tenu bon face au traitement cruel infligé par leurs geôliers, y compris des mois d'isolement cellulaire et de restrictions sinon de refus total d'accorder des visas à leurs proches qui voulaient leur rendre visite. Ils se sont aussi solidarisés avec nombre de ceux qui refusent d'accepter les brutalités de la « justice » capitaliste, à l'intérieur comme à l'extérieur des murs de la prison, aux États-Unis comme dans le reste du monde.

Cette conduite est conforme à l'exemple qu'ils ont donné ainsi qu'aux responsabilités qu'ils ont assumées à Cuba, aussi bien comme dirigeants étudiants que comme combattants internationalistes, parmi les centaines de milliers de volontaires cubains qui ont aidé à vaincre le gouvernement raciste d'Afrique du Sud, quand il a envahi l'Angola qui venait d'accéder à son indépendance.

Au fil des ans, le coup monté par les autorités U.S., leur déni des protections constitutionnelles et leur traitement arbitraire des Cinq Cubains ont amené un nombre croissant de personnes à exiger leur libération. Ils sont devenus un exemple pour tous ceux qui résistent à l'exploitation et l'oppression, depuis les ouvriers des abattoirs jetés en prison et expulsés pour avoir travaillé sans papiers officiels, jusqu'à ceux qui se sont opposés à l'exécution en 2011 de Troy Davis, cet homme noir de l'État de Géorgie, victime d'un coup monté par la police.

Les Cinq savent bien que leur lutte pour la liberté est une bataille de longue haleine. Mais leur refus de baisser les bras a fissuré le coup monté.

En 2005, des juges de la cour d'appel fédérale ont annulé leurs condamnations en affirmant qu'ils « n'avaient pu obtenir un procès équitable et juste » à cause de « la publicité qui a entouré leur cas avant le procès. » Le gouvernement U.S. a contesté cette décision. Un an plus tard, l'ensemble des juges de la cour d'appel a rétabli les condamnations.

Puis en juin 2008, un troisième jugement de la cour d'appel, qui a confirmé les condamnations, a annulé les peines imposées à trois des Cinq, dont deux condamnations à perpétuité, les trouvant excessives même d'après les standards U.S. Ces peines ont été réduites à la fin de l'année 2009[1].

Le fait que les Cinq sont incarcérés depuis 1998 conduit beaucoup de ceux qui découvrent les faits à dire : Assez, c'est assez. Libérez-les maintenant !

Refus de « coopérer » avec le gouvernement

En septembre 1998, quelques jours après leur arrestation, Gerardo Hernández, Ramón Labañino, Antonio Guerrero, Fernando González et René González ont été traînés devant le juge fédéral Barry Garber qui a ordonné leur mise en détention sans possibilité de cautionnement au centre de détention fédéral de Miami : « Chacun d'eux représente une menace pour la collectivité, » a déclaré Barry Garber, en accord avec les procureurs. La cour leur a ensuite désigné des avocats de la défense.

« Les procureurs ont maintenant pour objectif de persuader les présumés agents de coopérer, » a rapporté le *Miami Herald* du 16 septembre, citant des sources confidentielles.

Ramón Labañino a décrit ce qui lui est arrivé : « Tout a commencé à la maison vers 5 h 30 le 12 septembre 1998, quand on nous a arrêtés et emmenés dans les locaux du FBI de Miami pour un interrogatoire qui avait pour but de nous « persuader » de collaborer et de trahir notre pays en échange de quelques promesses. Évidemment je n'avais rien à dire et, quand ils ont été convaincus qu'ils n'obtiendraient rien, ils nous ont mis dans une voiture et emmenés au centre de détention fédéral au centre-ville de Miami, où nous sommes restés tout ce temps. »

Ramón Labañino a écrit ces lignes à son épouse Elizabeth Palmeiro pendant son procès en janvier 2001.

---

1. Voir dans la deuxième partie : « Peine de prison réduite pour Antonio Guerrero » et « Peines réduites pour Fernando González et Ramón Labañino. »

Sous la pression, cinq des dix détenus ont rapidement plaidé coupables de délits mineurs, comme celui d'être un agent non déclaré d'un gouvernement étranger, et ont accepté de témoigner contre les autres. Parmi eux se trouvaient deux couples mariés avec des enfants, qui ont été menacés de longues peines de prison et de la perte de l'autorité parentale sur leurs enfants. Au début de l'année 2000, ceux qui ont cédé aux pressions du gouvernement U.S. et qui ont « coopéré » ont été condamnés à des peines de prison allant de trois ans et demi à sept ans, avec la promesse de pouvoir bénéficier d'une remise de peine et de la protection fédérale des témoins.

Entretemps, les Cinq Cubains ont été maintenus isolés dans des cellules disciplinaires pendant 17 mois, de septembre 1998 jusqu'au début de février 2000, dont les six premiers mois en isolement : pas de visiteur et aucun contact, même avec d'autres prisonniers, y compris entre eux. Enfermés 23 heures par jour « au trou, » ils n'avaient qu'une heure de « récréation » pour se dégourdir les jambes en dehors de cellules étroites, humides et envahies de moisissures.

Un grand jury fédéral a dressé 33 chefs d'accusation. Les Cinq ont plaidé non coupables de toutes les accusations, dont les suivantes :

- Chacun d'eux a été accusé « d'agir comme agent de la République de Cuba sans s'être inscrit auprès du procureur général » et d'avoir « comploté » pour le faire.
- Antonio Guerrero, Gerardo Hernández et Ramón Labañino ont été accusés de « complot en vue de rassembler et transmettre des informations relevant de la défense nationale. »
- Gerardo Hernández a été accusé de « complot en vue de commettre un meurtre. »
- Chacun d'eux a été accusé de diverses charges mineures comme la possession de faux documents d'identité.
- Et lors de la séance pour déterminer la peine une fois le procès *déjà terminé*, la juge fédérale Joan Lenard a augmenté les accusations contre Ramón Labañino et Fernando González, prétendant qu'ils étaient coupables « d'entrave à la justice » pour avoir fourni de faux noms lorsqu'ils ont été initialement traduits en justice. Sur cette base, ils ont été

Olga Salanueva (à gauche) et Irma Sehwerert, épouse et mère de René González, prennent la parole à La Havane le 11 décembre 2007. Le FBI et la police de l'immigration U.S. ont arrêté Olga Salanueva et l'ont ensuite expulsée le 21 novembre 2000, six jours avant le début du procès de René et des quatre autres révolutionnaires cubains. Depuis ce temps, Washington a refusé à maintes reprises à Olga Salanueva de voir son mari et en 2008 l'a informée qu'elle était « inéligible de façon permanente » à un visa.

condamnés à des peines « améliorées » (c'est-à-dire « plus longues » dans le langage des policiers)[2].

L'acte d'accusation initial a été dressé début octobre 1998. Cependant l'accusation de « complot pour commettre un meurtre » contre Gerardo Hernández a été ajoutée en mai 1999, quand le gouvernement a compris qu'il avait échoué dans sa tentative de briser le moral des accusés malgré les mois passés en cellules d'isolement.

Par une manoeuvre judiciaire sans précédent, les autorités U.S. ont accusé Gerardo Hernández d'être responsable d'un acte réalisé par un gouvernement souverain : la destruction par Cuba en 1996 de deux avions de l'organisation Frères à la rescousse qui survolaient son territoire. Ce groupe de droite avait violé à plusieurs reprises l'espace aérien cubain malgré des mises en garde multiples largement diffusées.

Les policiers emprisonnent et expulsent Olga Salanueva

Les autorités fédérales ont essayé d'utiliser d'autres moyens pour faire plier les Cinq Cubains mais sans succès. Une méthode particulièrement grossière a été l'arrestation et l'expulsion d'Olga Salanueva, qu'ils ont utilisées pour faire pression sur son mari René González.

Olga Salanueva a décrit ce qui lui était arrivé dans *El dulce abismo : Cartas de amor y esperanza de cinco familias cubanas*. Ce livre est un recueil de correspondance entre les Cinq Cubains et leurs familles. René González, qui est né aux États-Unis et a grandi à Cuba, s'est installé en Floride en 1990. Olga Salanueva l'a rejoint six ans plus tard en obtenant le statut de résidente permanente aux États-Unis. Ils ont deux filles, Irma, née à Cuba, et Ivette, née aux États-Unis.

Le 16 août 2000, près de deux ans après l'arrestation de son mari, les policiers du FBI et du Service de l'immigration et de la naturalisation ont arrêté Olga Salanueva et lui ont confisqué sa carte verte. « Ils m'ont dit que j'étais au courant des activités de mon mari et qu'en conséquence mon statut de résidente était invalide, a-t-elle écrit. Ils m'ont emmenée à la prison d'État de Fort Lauderdale.

« Ma détention avait pour objectif réel de faire pression sur René afin de lui faire signer des aveux préparés par le procureur du district sud de la Floride, par lesquels il se serait déclaré coupable et aurait témoigné contre les autres accusés. » Les autorités fédérales l'avaient prévenu qu'Olga Salanueva, en tant que résidente permanente, pouvait aussi être inculpée. René González a refusé de signer les aveux. Elle a été arrêtée trois jours plus tard.

Sur le chemin de la prison, les policiers ont saisi Olga Salanueva et l'ont vêtue d'un uniforme orange de prisonnier pour aller voir René González au centre de détention fédéral. « Ils voulaient lui montrer qu'ils avaient mis leur menace à exécution et que moi et nos filles étions à leur merci. Il m'a regardée et m'a dit : « L'orange te va bien ! » Même face aux gardiens, il n'avait pas perdu son sens de l'humour. » Elle ne l'a plus revu depuis.

« Ce jour-là, je n'ai pas pleuré, a dit Olga Salanueva. Quand vous êtes entourés d'amis, vous pleurez, mais pas devant vos ennemis. La dignité vous donne de la force et vous endurcit. »

Durant les trois mois d'emprisonnement d'Olga Salanueva, René González n'a pas reçu les lettres qu'elle lui écrivait. « Ils essayaient évidemment de le déstabiliser émotionnellement, puisqu'il ne savait rien de moi directement et que le début du procès approchait, » a-t-elle remarqué.

On leur interdisait de se parler au téléphone. Dans un élan de solidarité, une camarade de travail d'origine péruvienne de l'entreprise de télémarketing où Olga Salanueva avait travaillé les a aidés à contourner cet obstacle. « Je l'appelais, a dit Olga, et elle enregistrait mon message pour René. Lui faisait pareil. Il l'appelait, écoutait mon message et enregistrait à son tour » un message pour elle.

Le 21 novembre 2000, six jours avant que le procès des Cinq ne commence, Olga Salanueva a été expulsée vers Cuba. Depuis, le gouvernement U.S. n'a cessé de lui refuser un visa pour rendre visite à son mari. Elle et d'autres parents des Cinq n'ont jamais cessé de lutter pour leur libération.

LE 7 JUILLET 2008

2. Le 6 décembre 2011, les avocats du gouvernement ont demandé à la juge Joan Lenard de maintenir les condamnations fabriquées et les peines « améliorées » dans les cas de Fernando González et Ramón Labañino. Les avocats répondaient aux motions que les deux avaient déposées en août et septembre 2011 pour obtenir des audiences afin de présenter une nouvelle preuve.

ÉLÉMENT D'UNE OFFENSIVE PLUS LARGE CONTRE LES DROITS DES TRAVAILLEURS

Martín Koppel

Le coup monté contre les Cinq Cubains fait partie d'un ensemble plus large d'attaques menées par la classe capitaliste dominante et son gouvernement contre les droits et le niveau de vie des travailleurs. Ces attaques se sont accélérées au cours des 15 dernières années, aussi bien sous les administrations démocrates que républicaines, à mesure que la crise capitaliste de production à long terme oblige les patrons à intensifier l'exploitation, ce qui engendre une résistance ouvrière grandissante.

Depuis l'arrestation en 1998 jusqu'au procès et à l'incarcération des cinq hommes, dont deux sont citoyens U.S. puisque nés aux États-Unis et trois sont des immigrés nés à Cuba, chaque aspect de cette affaire a été un enseignement sur le fonctionnement de la « justice » capitaliste. L'histoire des Cinq Cubains est également instructive : soit les travailleurs luttent pour défendre les dix premiers amendements à la constitution, soit les droits que ceux-ci garantissent seront bafoués. La lutte des classes n'est pas figée. Il n'y a pas de terrain neutre.

Le gouvernement des États-Unis s'est servi de cette affaire pour affaiblir les protections garanties par le quatrième amendement à la constitution contre « les perquisitions et les saisies excessives. » Les agents du FBI ont reconnu que pendant trois ans, à partir de 1995, ils ont espionné les domiciles des cinq hommes dans le sud de la Floride et y ont pénétré par effraction à plusieurs reprises. Sous le couvert d'un mandat fédéral, ils ont espionné électroniquement leurs appartements, enregistré secrètement leurs conversations téléphoniques, copié des fichiers informatiques et saisi des photos de famille, de la correspondance personnelle et d'autres affaires, selon les déclarations faites à la presse par des fonctionnaires du gouvernement.

« Des agents du FBI ont fouillé de fond en comble l'appartement de deux pièces loué 850 $ par mois » de Gerardo Hernández, a rapporté l'agence de presse Reuters le 16 septembre 1998. « Ils ont tout emporté, » a déclaré son gardien d'immeuble.

« Ils ont entre les mains trois années d'écoutes téléphoniques, de micros dissimulés et même de visites de domicile clandestines, de cambriolages, et ils n'ont rien de concret, » a déclaré l'avocat d'Antonio Guerrero, Jack Blumenfeld, selon le *Miami Herald* du 6 octobre 1998, au moment où un grand jury fédéral dressait l'acte d'accusation contre les Cinq.

Jack Blumenfeld a fait remarquer que le FBI a procédé à ces violations de domicile malgré le fait que l'accusation n'invoquait aucun acte d'espionnage contre le gouvernement U.S. Pas une seule des 1 400 pages présentées en preuve au cours du procès ne démontrait que les accusés avaient eu entre leurs mains des informations secrètes.

Comment le département de la Justice U.S. a-t-il contourné le fait qu'il ne pouvait fournir la preuve du moindre acte d'espionnage ? En les accusant de « complot ».

« Le complot a toujours été le chef d'accusation que les procureurs utilisent dans les procès politiques, » a expliqué l'avocat de la défense Leonard Weinglass dans une entrevue citée par la Guilde nationale des avocats en juin 2008. Une telle accusation dispense le gouvernement de la nécessité de prouver qu'un acte illégal a été commis. Il lui suffit de prouver un vague « accord » avec l'idée de commettre une telle action dans un futur indéterminé[3].

---

3. Au cours des 75 dernières années, la classe dirigeante U.S. s'est servie d'accusations de « complot » à de multiples reprises contre des syndicalistes, des combattants pour les droits des Noirs, des combattants portoricains et mexicains américains et des communistes. En 1941, des lois anticomplots ont été utilisées pour organiser un coup monté afin de faire

« On a demandé [aux jurés] de déterminer s'il y avait eu une entente pour commettre de l'espionnage. Le gouvernement n'a jamais eu à prouver qu'il y a eu effectivement espionnage. Il n'aurait pas pu prouver qu'il y avait eu espionnage, » a fait remarquer Leonard Weinglass.

Pendant le procès des Cinq, le gouvernement U.S. s'en est également pris à de nombreuses autres protections constitutionnelles. Au nom de la « sécurité nationale, » il a entre autres utilisé des preuves auxquelles les accusés et leurs avocats n'avaient pas le même accès que les procureurs. Cela représentait plus de 80 pour cent des textes présentés en preuve par le gouvernement. La juge a aussi refusé de déplacer le procès en dehors de Miami malgré « les sentiments largement répandus dans la communauté et la publicité considérable à la fois avant et pendant le procès, » comme l'a mentionné l'un des deux juges dissidents lors de la décision en cour d'appel de 2006.

Avant le procès : 17 mois passés au « trou »

Trente-trois mois durant, depuis leurs arrestations jusqu'à la fin du procès, les Cinq ont été incarcérés au centre de détention fédéral de Miami sans possibilité de liberté sous caution. On les a maintenus dans des cellules d'isolement — le tristement célèbre « trou » — pendant 17 mois avant le procès, dont les premiers mois en isolation carcérale totale. Ils ont finalement eu le droit d'avoir un contact entre eux uniquement grâce aux efforts incessants de leurs avocats et parce que Washington s'est rendu à l'évidence qu'un tel traitement ne parviendrait à briser aucun d'entre eux[4].

Après avoir été déclarés coupables d'accusations fabriquées de toutes pièces et avant que leurs peines ne soient prononcées, alors même que la juge était partie en vacances, ils ont encore été remis en cellules disciplinaires pendant 48 jours. Cette mesure punitive a été prise après que les Cinq ont rédigé un « Message au peuple américain » publié dans la presse cubaine pour réaffirmer qu'ils ne sont pas coupables des accusations formulées contre eux et déclarer qu'« en aucune manière nous ne regrettons ce que nous avons fait pour défendre notre pays. »

Et en mars 2003, à la vieille de l'invasion U.S. de l'Irak, les cinq hommes, alors incarcérés dans cinq prisons différentes à travers le pays, ont été placés à nouveau en isolement, cette fois-ci dans des conditions encore plus restrictives connues sous le nom de « boîte » : un trou dans le « trou ». On leur a interdit de communiquer avec leurs avocats par téléphone ou par courrier et on a confisqué tout leur matériel d'écriture. Le département de la Justice s'est contenté de dire que la mesure avait été prise pour des raisons non spécifiées de « sécurité nationale » et qu'elle pourrait se prolonger pendant un an[5].

Leonard Weinglass, qui n'a obtenu qu'une seule fois l'autorisation de rendre visite à Gerardo Hernández pendant cette période, a écrit : « Il est

condamner et expédier en prison 18 dirigeants du syndicat des camionneurs et du Parti socialiste des travailleurs au Minnesota pour avoir organisé l'opposition à l'entrée de Washington dans la boucherie impérialiste de la deuxième guerre mondiale. En 1953, ces lois ont servi à faire condamner et exécuter Ethel et Julius Rosenberg pour « complot » en vue d'espionnage en temps de guerre, soi-disant pour avoir passé des informations concernant la bombe atomique au gouvernement soviétique.

4. Selon une note récemment déclassifiée datant de mai 2004 du département de la Justice U.S. au département de la Défense, l'isolement carcéral de prisonniers pour une période de 30 jours dans le tristement célèbre camp de détention U.S. de Guantánamo ne constituerait pas un traitement « cruel, inhumain ou dégradant, » selon la Convention contre la torture et pourrait être défendable sur le plan juridique. Mais si le département de la Défense « souhaitait prolonger cette période [...] il faudrait à nouveau consulter » le département de la Justice. La note a été rédigée par le procureur général adjoint, le général Jack L. Goldsmith III.

Quelle conclusion tirer des six mois pendant lesquels Gerardo Hernández a été maintenu en isolement carcéral sous la responsabilité directe de ce même « département de la Justice » ?

5. En septembre 2011, le gouvernement U.S. a déclassifié une lettre datant du 13 mai 2003 du département d'État aux diplomates cubains en poste à la Section des intérêts à Washington. Ce document clarifie le choix du moment pour ces actions punitives contre les Cinq Cubains au début de mars 2003, en même temps que Washington préparait son invasion de l'Irak ce même mois. La lettre se réfère à « de nombreux exemples d'espionnage cubain contre les États-Unis. » Selon des sources anonymes citées dans un article du *Miami Herald* le 21 septembre 2011, bien que la lettre de mai 2003 n'ait pas explicitement accusé le gouvernement cubain d'avoir passé des informations au régime irakien concernant les plans d'invasion U.S., il s'agissait bien d'un des principaux objectifs de cette note d'avertissement du département d'État.

enfermé dans une toute petite cellule d'à peine trois pas de large, sans fenêtre et avec seulement une fente dans la porte métallique par laquelle on lui fait passer sa nourriture. On lui a retiré ses vêtements : on ne l'autorise qu'à porter un slip et un teeshirt, mais pas de chaussures. Il ne peut pas savoir s'il fait jour ou nuit. Sa cellule est la seule [de la prison] à être éclairée 24 heures par jour. »

Ce n'est qu'après une campagne internationale de protestations publiques et de mesures fermes prises par le gouvernement cubain pour démanteler un réseau de soi-disant dissidents à Cuba, organisé et subventionné par le gouvernement U.S., que les autorités fédérales ont renvoyé les Cinq un mois plus tard parmi la population carcérale générale.

Au cours des années qui ont suivi, Gerardo Hernández en particulier a été remis au trou à plusieurs reprises. Et comme beaucoup d'autres prisonniers, les révolutionnaires cubains, surtout les trois enfermés dans les prisons à haute sécurité, ont subi le confinement en cellule, pendant lequel tous les détenus sont maintenus dans leurs cellules parfois durant des jours, en n'ayant droit à aucune visite, et subissent d'autres restrictions.

En plus des peines maximales et des mauvais traitements, les autorités ont refusé aux Cinq le droit élémentaire de recevoir les visites de leurs êtres chers. Leurs épouses, leurs mères et leurs enfants qui vivent à Cuba n'ont pu leur rendre visite qu'une fois par an en moyenne à cause des longs délais pour obtenir les visas. Et les autorités U.S. ont refusé toutes les demandes de visas faites par Adriana Pérez et Olga Salanueva pour rendre visite à leurs maris respectifs, Gerardo Hernández et René González.

Attaques intensifiées contre les droits des travailleurs

L'administration Clinton et son département de la Justice, dirigé par la procureure générale Janet Reno, ont orchestré le coup monté contre les Cinq Cubains, qui a commencé avec l'opération du FBI de 1995 à 1998 et a conduit à leur arrestation.

Le coup monté contre les Cinq Cubains a été réalisé alors que les dirigeants U.S. intensifiaient leurs attaques contre les droits politiques. **Ci-dessus :** la police de l'immigration, armée jusqu'aux dents, fait une rafle en avril 2000 dans une résidence de Miami pour s'emparer d'Elián González âgé de six ans. L'administration Clinton s'est servie de ce cas pour renforcer les pouvoirs de la police de l'immigration, qui est exemptée de supervision judiciaire et, comme dans le cas des Cinq Cubains, pour porter un coup au droit constitutionnel d'être protégé contre les fouilles et saisies arbitraires.

Clinton a lui-même nommé la juge de district U.S. Joan Lenard, qui a présidé le procès, de novembre 2000 à juin 2001.

Pendant cette même période les dirigeants capitalistes U.S. et leurs représentants politiques au sein des deux partis, démocrate et républicain, intensifiaient leurs attaques contre les droits, les salaires et les acquis sociaux des travailleurs et des agriculteurs.

En 1994, le gouvernement a adopté la Loi sur le contrôle des crimes violents et sur l'ordre public, qui remettait notamment en cause les protections du quatrième amendement relatives au « droit de la population d'être protégée contre toute perquisition ou saisie déraisonnable concernant leur personne, leur domicile, leurs documents et leurs biens. » Dans certains cas, cette loi a permis aux procureurs d'utiliser devant les tribunaux des preuves obtenues sans mandat. Cette loi a également accordé les crédits fédéraux nécessaires pour mettre 100 000 policiers supplémentaires dans les rues.

La Loi de réforme de l'immigration illégale et de la responsabilité des immigrés de 1996 a étendu le pouvoir de la police de l'immigration d'arrêter et d'expulser les travailleurs sans papiers, sans leur permettre de s'adresser à un tribunal ni de faire appel. La *migra* a été renforcée jusqu'à devenir la plus grosse agence policière du gouvernement fédéral.

La Loi antiterroriste et pour la peine de mort efficace de 1996, dont le nom rappelle les livres de George Orwell, a permis à la police de l'immigration de jeter des immigrés en prison en utilisant des preuves dont on a interdit l'accès à eux et leurs avocats. Elle a élargi le pouvoir du gouvernement de pratiquer des écoutes et maintenir un accusé en détention préventive sans possibilité de mise en liberté sous caution.

Le gouvernement a restreint davantage les droits d'appel et de mise en liberté conditionnelle des détenus. Des peines « minimales » obligatoires et des sentences plus longues sont devenues plus fréquentes, y compris la perpétuité sans possibilité de liberté conditionnelle.

Le nombre de délits fédéraux passibles de la peine de mort est passé à presque 60 et les exécutions se sont accélérées après l'adoption de la Loi fédérale sur la peine de mort de 1994. La Loi globale de protection contre le terrorisme de 1995 a privé les condamnés à mort du droit de présenter plus d'une demande d'habeas corpus aux tribunaux fédéraux pour la révision de leurs procès.

Sous la présidence de Clinton entre 1993 et 2001, le nombre de personnes derrière les barreaux a bondi de 42 pour cent. Le maintien en cellule 24 heures sur 24 et l'isolement carcéral sont devenus de plus en plus fréquents. Aujourd'hui, 2,3 millions de personnes sont derrière les barreaux aux États-Unis : le taux d'incarcération le plus élevé au monde.

En 1999, le gouvernement U.S. a organisé un coup monté contre Wen Ho Lee, un scientifique né à Taïwan, qui était accusé d'avoir volé des secrets nucléaires pour la Chine. Incapable de démontrer l'espionnage, le gouvernement a néanmoins refusé de le libérer sous caution et l'a placé en isolement carcéral pendant neuf mois, utilisant l'affaire pour abroger encore plus de droits au nom de la « sécurité nationale. » En septembre 2000, toutes les accusations ont été abandonnées sauf une, mineure, et Wen Ho Lee a été libéré.

En avril 2000, des commandos lourdement armés du Service de l'immigration et de la naturalisation (INS) ont fait une descente dans une maison de Miami pour s'emparer d'Elián González, un enfant de six ans que détenaient des membres de sa famille. La Maison-Blanche a profité pendant six mois du refus de la famille de rendre l'enfant à son père à Cuba pour redorer le blason de l'INS, augmenter les pouvoirs de l'agence, sans contrôle judiciaire, et porter atteinte à la Déclaration des droits, qui assure aux résidents U.S. la protection contre les perquisitions et saisies excessives. La descente policière de Miami a eu lieu alors que le gouvernement fédéral détenait les Cinq Cubains avant leur procès [6].

6. En novembre 1999, Elián González, alors âgé de cinq ans, a été repêché en mer près des côtes de la Floride après que sa mère et dix autres passagers se sont noyés lors d'un voyage en bateau depuis Cuba organisé par des contrebandiers. Son père et le gouvernement cubain ont exigé qu'il soit rapatrié à Cuba. Le bureau du procureur général des États-Unis l'a plutôt confié à la garde d'un parent éloigné, à Miami. Des forces de droite à Miami ont organisé des manifestations très médiatisées pour condamner le gouvernement cubain et s'opposer au rapatriement du garçon. Pendant sept mois, l'administration Clinton a refusé de rapatrier l'enfant, violant ainsi la souveraineté de Cuba. Pendant ce temps, des centaines de milliers de personnes à Cuba se sont mobilisées

L'administration de George W. Bush, investie dans ses fonctions en janvier 2001, a poursuivi le cours défini par la classe dirigeante U.S. Elle a profité des attentats du 11 septembre pour faire adopter le Patriot Act et d'autres lois autorisant la police à étendre l'usage d'écoutes téléphoniques, l'interception des messages électroniques et l'espionnage des individus et des groupes politiques. Les sentences contre les Cinq Cubains ont été prononcées en décembre 2001, alors que Washington intensifiait sa « guerre contre la terreur. »

Au nom de la « sécurité du *homeland,* » le gouvernement a cherché à justifier l'utilisation de la « détention préventive » de « suspects de terrorisme » sans formuler d'accusation, de tribunaux à huis clos et même de la torture, qu'on évoque souvent par un euphémisme comme « interrogatoire amélioré. » Le gouvernement cherche maintenant à faire passer les prisonniers de Guantánamo, y compris des citoyens U.S., devant des tribunaux militaires dans lesquels les protections constitutionnelles leur sont refusées.

Entretemps, les policiers de l'immigration ont multiplié les descentes dans les usines et les quartiers ouvriers pour arrêter, expulser et parfois engager des poursuites criminelles pour « usurpation d'identité » contre des travailleurs nés à l'étranger.

Du fait de l'expérience que des millions de travailleurs et d'agriculteurs ont de ces attaques contre leurs droits protégés par la constitution et contre leurs conditions de vie et de travail — et de la résistance croissante à ces attaques — l'affaire des Cinq Cubains touche une corde sensible chez de nombreuses personnes qui en entendent parler. Les travailleurs qui participent aux protestations contre les descentes anti-immigrés, contre les coups montés par la police et contre les autres exemples de la « justice » de classe sont ceux qui sont les plus réceptifs aux appels pour soutenir la campagne pour la libération des Cinq.

En se mettant debout, en luttant et en offrant leur solidarité à d'autres, ces cinq révolutionnaires se retrouvent eux-mêmes aux premières lignes de la lutte de classe aux États-Unis.

LE 14 JUILLET 2008

à plusieurs reprises au cours de rassemblements, de marches et d'actions diverses pour exiger que Washington le rapatrie dans son pays. À cette occasion, ils ont gagné un large soutien international. Le 22 avril 2000, des policiers de l'immigration et des officiers de police U.S. fortement armés se sont emparés d'Elián González au cours d'une descente de type commando dans la maison à Miami. Il a enfin été rapatrié à Cuba deux mois plus tard.

POURQUOI LA RÉVOLUTION CUBAINE EST UNE ARÊTE DANS LA GORGE DE L'ONCLE SAM

Martín Koppel

Dans quelle activité soi-disant criminelle les Cinq Cubains s'étaient-ils impliqués ?

Ils tenaient le gouvernement cubain informé des activités de groupes contre-révolutionnaires basés aux États-Unis. Ces groupes ont un long passé d'attaques contre Cuba, la plupart du temps à partir de la Floride.

Les actions armées de ces groupes font partie intégrante des 50 années d'agressions économiques et militaires menées par le gouvernement des États-Unis, sous onze administrations républicaines et démocrates, pour affaiblir la révolution cubaine, préparer son renversement et restaurer le régime capitaliste.

Les objectifs de Washington ne sont ni irrationnels ni dictés par des calculs politiques ou électoraux à court terme. Les familles possédantes qui dirigent les États-Unis sont déterminées à punir les travailleurs et les agriculteurs cubains pour avoir eu l'audace de s'être emparés du pouvoir d'État et faire une révolution socialiste. Depuis le début, ce qu'ils haïssent et craignent par-dessus tout, c'est l'exemple politique que cette révolution fournit aux travailleurs du monde entier, y compris ici même aux États-Unis.

« Qu'est-ce qui se cache derrière la haine des Yankees envers la révolution cubaine ? » a demandé la Deuxième déclaration de La Havane,

BOHEMIA

Manifestation en août 1960 à La Havane avec enterrement symbolique de cercueils représentant les entreprises U.S. nationalisées par la révolution. Pendant cinquante ans, les dirigeants capitalistes U.S. ont agressé la révolution socialiste à Cuba parce qu'ils craignent son exemple à travers le monde.

un manifeste adopté en février 1962 au cours d'un rassemblement populaire d'un million de Cubains.

« La peur les unit et les pousse, a-t-elle répondu. Non pas la peur de la révolution cubaine, mais la peur de la révolution latino-américaine. […] La peur que les peuples pillés du continent arrachent les armes à leurs oppresseurs et se déclarent, comme Cuba, peuples libres d'Amérique. »

Les mesures révolutionnaires

Le 1er janvier 1959, les travailleurs et les agriculteurs à Cuba, dirigés par l'Armée rebelle et le Mouvement du 26 juillet, ont renversé la dictature de Fulgencio Batista soutenue par Washington. Le gouvernement révolutionnaire a immédiatement commencé à mobiliser le peuple travailleur et à prendre des mesures dans son intérêt.

En l'espace de quelques mois, il a promulgué des lois qui ont diminué les prix des loyers de 30 à 50 pour cent et drastiquement réduit les tarifs onéreux des services de téléphone et d'électricité exigés par les monopoles nord-américains.

La discrimination raciste au travail et dans les lieux publics a été interdite. Des mesures ont été prises pour encourager les femmes à participer aux grandes luttes sociales en cours.

Une profonde réforme agraire a été décrétée en mai 1959. Elle a entraîné l'expropriation des plus grandes propriétés terriennes et la distribution de titres de propriété à plus de cent mille paysans sans terre.

On a garantit l'éducation et les services de santé publics gratuits à tous les secteurs de la société. En 1961, environ 250 000 volontaires, dont près de 100 000 étudiants, surtout adolescents, se sont mobilisés dans tout le pays pour apprendre à lire et à écrire à 700 000 travailleurs et paysans, éliminant ainsi l'analphabétisme dans une campagne de moins de douze mois.

Les travailleurs se sont mobilisés et organisés pour combattre le sabotage économique des propriétaires capitalistes d'usines et de plantations. Vers la fin de 1960, les principales compagnies nord-américaines et presque toutes les grandes industries appartenant à des Cubains avaient été nationalisées. Pour défendre la révolution face aux attaques croissantes de Washington et des forces contre-révolutionnaires appuyées par Washington, les travailleurs se sont organisés en milices dans tout le pays.

Toutes ces mesures et d'autres du même genre ont établi le caractère socialiste de la révolution.

La direction révolutionnaire cubaine a aussi affirmé sa solidarité avec les luttes anti-impérialistes dans le monde entier. Déjà en 1963, des combattants volontaires cubains sont allés en Algérie pour défendre le nouveau gouvernement indépendant face à une agression appuyée par l'impérialisme. Ce cours internationaliste prolétarien continue encore aujourd'hui avec des milliers de médecins cubains qui offrent volontairement des soins médicaux de qualité en Afrique, en Asie et en Amérique latine.

Ces mesures, qui entamaient sérieusement les prérogatives du capital, ont rendu furieux la classe dirigeante U.S. et les riches propriétaires cubains. Contrairement aux autres gouvernements, la direction révolutionnaire cubaine ne se soumettait pas à leurs intérêts. Mais ce qui les inquiétait davantage, c'est que Cuba révolutionnaire constituait un dangereux exemple aux yeux de millions de personnes dans le monde : elle montrait que les travailleurs peuvent renverser le régime capitaliste et réorganiser les relations sociales dans leurs intérêts.

En juillet 1960, Washington a interrompu pratiquement toutes ses importations de sucre en provenance de Cuba. En janvier 1961, il a rompu ses relations diplomatiques avec Cuba et restreint les voyages de citoyens U.S. vers l'île. En février 1962, l'administration Kennedy a ordonné un embargo total sur le commerce des États-Unis avec Cuba.

En avril 1961, la Maison-Blanche a organisé une invasion de Cuba par 1 500 mercenaires qui a été mise en déroute à la baie des Cochons en moins de 72 heures par les travailleurs et les paysans organisés dans les milices populaires, les forces armées révolutionnaires et la police révolutionnaire.

En octobre 1962, Kennedy a ordonné un blocus naval de l'île et a entraîné le monde au bord d'un holocauste nucléaire après que Cuba a accepté des missiles de l'Union soviétique face aux préparatifs de Washington pour envahir Cuba.

La campagne de terreur organisée par Washington

Entre 1959 et 1965, près de quatre mille bandits contre-révolutionnaires, armés, entraînés et financés par le gouvernement U.S., ont mené une campagne de sabotages et de terreur, en particulier dans les montagnes de l'Escambray au centre de Cuba. Ils ont torturé et assassiné des centaines de personnes, y compris des volontaires de la campagne d'alphabétisation et des paysans qui bénéficiaient de la réforme agraire et la soutenaient. Le peuple travailleur cubain s'est organisé pour mettre en échec ces groupes contre-révolutionnaires, ce qu'il est parvenu à faire vers le milieu des années 1960.

Pendant des années, des groupes terroristes soutenus par Washington ont incendié des champs de canne à sucre, dynamité des entrepôts à La Havane et mené des centaines de tentatives d'assassinat contre Fidel Castro. Les autorités cubaines ont apporté la preuve que Washington a livré une guerre biologique contre la nation caribéenne, y compris en introduisant des vecteurs de maladie causant des épidémies de fièvre porcine africaine en 1971 et de dengue hémorragique en 1981.

Le gouvernement U.S. a accru sa guerre économique contre Cuba au cours des dernières décennies, y compris par le biais des lois Torricelli de 1992 et Helms-Burton de 1996 qui, entre autres choses, pénalisent les entreprises d'autres pays qui se livrent à des activités commerciales avec Cuba.

Les contre-révolutionnaires entraînés par la CIA ont aussi mené des attaques meurtrières aux États-Unis et à Porto Rico, une colonie des États-Unis. Eulalio Negrín, homme d'affaires cubain américain en faveur de mesures de normalisation des relations entre Cuba et les États-Unis, a été assassiné le 25 novembre 1979 à Union City dans l'État du New Jersey.

Félix García Rodríguez, diplomate de la mission cubaine aux Nations unies, a été assassiné en pleine rue à New York, le 11 septembre 1980.

Carlos Muñiz Varela, dirigeant de la Brigade Antonio Maceo, a été assassiné le 28 avril 1979 à San Juan à Porto Rico. De jeunes cubains demeurant aux États-Unis, qui s'identifiaient avec la révolution cubaine et la défendaient contre les tentatives de Washington de l'écraser, avaient mis sur pied la Brigade deux ans plus tôt.

En octobre 1976, des contre-révolutionnaires entraînés par la CIA ont fait exploser en vol un avion de ligne cubain au-dessus de l'île de la Barbade, tuant l'ensemble des 73 passagers à bord, dont beaucoup de membres de l'équipe nationale cubaine junior d'escrime. Orlando Bosch et Luis Posada Carriles, tous deux arrêtés au Venezuela, figurent parmi ceux qui ont été impliqués dans ce crime horrible. Posada Carriles, ancien mercenaire

JUVENTUD REBELDE

Unité d'artillerie antiaérienne et antichar constituée de femmes cubaines en Angola en 1988. Entre 1975 et 1991, des centaines de milliers de volontaires cubains ont aidé à repousser les invasions de l'Angola par le régime d'apartheid en Afrique du Sud. Les dirigeants impérialistes craignent l'exemple d'internationalisme prolétarien donné par Cuba révolutionnaire.

de la baie des Cochons, avait été chef d'opérations de la police secrète du Venezuela. On lui a permis de s'évader de prison en 1985 avant son procès.

Dans une interview au *New York Times* en 1998, Posada Carriles s'est vanté d'avoir participé à une série d'attentats à la bombe contre des hôtels de La Havane en 1997, dont celui qui a coûté la vie à un visiteur italo-canadien, Fabio Di Celmo, à l'hôtel Copacabana. Posada Carriles s'est aussi impliqué dans une tentative manquée d'assassinat contre Fidel Castro en novembre 2000 au Panama. Posada Carriles et Orlando Bosch circulent aujourd'hui en toute liberté dans les rues de Miami. Washington s'est opposé à la demande du gouvernement du Venezuela d'extrader Posada Carriles[7].

Frères à la rescousse

Les Frères à la rescousse est un des groupes contre-révolutionnaires cubains américains qui fonctionnent à partir des États-Unis. Ce groupe se présente faussement comme une organisation « humanitaire » qui a pour but de porter secours aux Cubains qui quittent l'île en radeau. Son chef, José Basulto, entraîné par la CIA, a participé à l'invasion de la baie des Cochons. Il a à son palmarès de nombreuses attaques armées contre Cuba.

Les avions pilotés par les Frères à la rescousse ont violé de manière répétée l'espace aérien de Cuba, en survolant l'île de manière provocante et en lançant des tracts qui appelaient le peuple cubain à se révolter contre le gouvernement. Les autorités cubaines rapportent que les Frères à la rescousse ont effectué 25 incursions illégales de ce genre entre le milieu de l'année 1994 et février 1996 et que La Havane a porté plaintes à de nombreuses reprises contre ces provocations auprès des autorités U.S. Les plaintes sont restées sans réponse.

Le 24 février 1996, José Basulto a dirigé trois avions Cessna qui ont pénétré dans l'espace aérien cubain en direction de La Havane. Les pilotes ont délibérément ignoré les avertissements des contrôleurs aériens cubains qui leur demandaient clairement de rebrousser chemin. Des avions de chasse de l'armée de l'air cubaine ont alors abattu deux de ces avions avec les quatre membres des Frères à la rescousse qui se trouvaient à bord pendant que l'avion de José Basulto réussissait à s'échapper. Suite à cette action décisive de Cuba pour défendre sa souveraineté, tous les vols provocateurs en provenance des États-Unis ont cessé.

En réponse à la destruction des deux avions des Frères à la rescousse, l'administration Clinton a intensifié ses actions hostiles contre la révolution cubaine. Elle a entre autres adopté la loi Helms-Burton, en mars 1996, soit moins d'un mois plus tard, et elle a arrêté et inculpé les Cinq Cubains sous de fausses accusations en 1998.

Le gouvernement U.S. a décidé de punir Gerardo Hernández particulièrement sévèrement. Il a été accusé de « conspiration en vue de commettre un meurtre » pour avoir « soutenu et mis en oeuvre un plan » du gouvernement cubain pour abattre les avions des Frères à la rescousse dans les eaux internationales. Il s'agit d'une accusation sans fondement.

Pour justifier leurs actions violentes contre Cuba, les groupes comme les Frères à la rescousse prétendent parler au nom de tous les Cubains américains. Mais la population cubaine qui vit aux États-Unis n'est pas monolithique, ni dans sa composition de classe ni dans ses opinions politiques.

Les groupes d'extrême-droite ne représentent que les intérêts d'une petite poignée de riches hommes d'affaires, dont les anciens magnats capitalistes de Cuba et leurs suppôts, qui ont perdu après 1959 la possibilité d'exploiter les travailleurs et les agriculteurs de Cuba.

La grande majorité des Cubains américains sont des travailleurs, pas des possédants. Aujourd'hui, nombre d'entre eux, si ce n'est la majorité, particulièrement parmi ceux qui ont immigré au cours des dernières décennies et parmi les nouvelles générations qui sont nées aux États-Unis, sont opposés à la guerre économique de Washington contre le peuple de Cuba, en particulier lorsqu'elle limite leur droit de rendre visite à leurs familles dans l'île.

Quelques organisations cubaines américaines comme l'Alianza Martiana à Miami s'opposent à la politique U.S. et exigent la libération des Cinq Cubains.

LE 20 OCTOBRE 2008

7. Orlando Bosch est mort à Miami en avril 2011.

QUI SONT GERARDO, ANTONIO, RAMÓN, FERNANDO ET RENÉ ?

Martín Koppel

Les cinq révolutionnaires cubains ont repoussé toutes les tentatives de les briser par leurs geôliers. Ils continuent de dire la vérité sur la révolution cubaine et les raisons du coup monté contre eux par le gouvernement U.S. Ils continuent d'expliquer aux autres prisonniers qui ils sont. Ils continuent de se solidariser avec tous ceux qui, aux États-Unis et ailleurs dans le monde, luttent pour un monde débarrassé de toute forme d'exploitation et d'oppression.

À Cuba, les Cinq sont des héros nationaux, estimés au plus haut point pour avoir mené cette mission volontaire et pour continuer aujourd'hui d'agir comme des révolutionnaires derrière les barreaux des prisons U.S.

Aux États-Unis, au fur et à mesure que la crise économique s'approfondit et que de nouvelles batailles ouvrières éclatent, un nombre croissant de travailleurs et de jeunes découvrent le cas des Cinq Cubains. Dans le feu de ces batailles, beaucoup voient en eux des exemples de courage et de dignité à imiter.

Qui sont ces hommes et qu'ont-ils accompli ?

Les cinq sont des produits exemplaires de la révolution socialiste à Cuba.

Gerardo Hernández Nordelo

Gerardo Hernández, âgé de 47 ans[8], est né à La Havane le 4 juin 1965. Adolescent, il est devenu dirigeant de la Fédération étudiante de l'enseignement intermédiaire. Il a adhéré à l'Union des jeunes communistes quand il était élève de onzième année. En 1989, il a obtenu un diplôme de l'Institut supérieur de relations internationales où il avait milité dans la Fédération des

Gerardo Hernández à la prison fédérale de Victorville en Californie.

étudiants universitaires. Il s'est marié en 1988 avec Adriana Pérez O'Connor, qui travaillait alors à l'Institut de recherche pour l'industrie alimentaire.

À l'obtention de son diplôme, Gerardo Hernández, comme beaucoup de ses compagnons d'étude, s'est porté volontaire pour servir en Angola. Il a quitté Cuba la veille de son premier anniversaire de mariage. Entre 1975 et 1991, plus de 375 000 volontaires cubains ont servi comme combattants internationalistes dans ce pays d'Afrique, afin d'aider le peuple angolais à mettre en échec les invasions par le régime d'apartheid d'Afrique du Sud.

Lieutenant, il a dirigé une unité de reconnaissance dans une brigade de chars qui aidait à défendre le Cabinda, une région pétrolière stratégique, face aux attaques contre-révolutionnaires. Il s'est distingué au cours de 54 missions et a été décoré de plusieurs médailles pour son rôle remarquable. En 1993, grâce à ces résultats et à l'estime de ses camarades de combat, il est devenu membre du Parti communiste de Cuba.

8. Les âges mentionnés dans cet article étaient exacts le 1er mai 2013.

Dans une interview publiée en 2002 dans le journal cubain *Juventud Rebelde*, Urbano Bouza Suriz, qui a combattu en Angola sous le commandement de Gerardo Hernández, a décrit ses qualités de dirigeant. « Nous étions douze Cubains à dormir [dans un petit bivouac], et le fait que cet officier partageait le bon comme le mauvais avec ses subordonnés lui a fait gagner le respect, a noté Urbano Bouza. Nous partions presque tous les jours en reconnaissance. Quelques fois la nuit, nous avons pris part à des embuscades autour de notre unité. » Dans ses moments de détente, « il lisait beaucoup, particulièrement des livres de Che [Guevara]. »

Gerardo Hernández « était préparé d'un point de vue politique, humain et psychologique » pour accomplir la mission qu'il allait par la suite remplir au milieu des années 1990 aux États-Unis. « Un éclaireur doit être un excellent observateur, se montrer confiant face au danger, être discret, courageux. Je peux voir toutes ces qualités chez Nordelo, » comme l'appelaient ses compagnons de combat. Quand il a lu dans la presse les nouvelles au sujet de l'arrestation et du procès truqué de Gerardo Hernández, Urbano Bouza a raconté avoir dit fièrement à ses voisins : « C'était mon chef au Cabinda ![9]»

Gerardo Hernández est un excellent caricaturiste. Ses dessins humoristiques sont publiés depuis 1982. Un livre reproduisant ses dessins est paru à Cuba en 2002, *El amor y el humor todo lo pueden*.

Gerardo Hernández purge une double condamnation à vie plus 15 ans dans la prison fédérale à sécurité maximale de Victorville, située dans le désert Mojave dans le sud de la Californie. Il n'a pas vu son épouse Adriana depuis avant son arrestation car le gouvernement U.S. a refusé à maintes reprises de lui accorder un visa pour lui rendre visite.

Antonio Guerrero Rodríguez

Antonio Guerrero, âgé de 54 ans, est né au sein d'une famille ouvrière à Miami le 16 octobre 1958. Son père, qui s'était installé aux États-Unis pour chercher du travail comme joueur de baseball professionnel, avait aidé à réunir des fonds à Miami pour le Mouvement du 26 juillet et l'Armée rebelle pendant la lutte révolutionnaire pour renverser le régime de Batista. La famille était retournée visiter Cuba en novembre 1958 et avait décidé d'y rester après la victoire révolutionnaire en janvier 1959.

Dans une interview donnée en juillet 2004, la soeur d'Antonio Guerrero, María Eugenia, surnommée Maruchi, disait qu'influencés par l'exemple de leurs parents, « mon frère et moi étions actifs dans les organisations étudiantes. » Elle raconte que très vite à l'école, ils sont devenus des dirigeants de l'organisation des enfants pionniers José Martí, de la Fédération étudiante de l'enseignement intermédiaire et de l'Union des jeunes communistes.

À la fin du secondaire, Antonio Guerrero, mieux connu sous le nom de Tony, avait obtenu une bourse pour étudier à l'Université de Kiev en Ukraine. Il y a obtenu son diplôme en génie civil en 1983. À son retour, il a travaillé sur un important projet d'agrandissement de la piste de l'aéroport international Antonio Maceo à Santiago de Cuba.

Antonio Guerrero est devenu membre du Parti communiste de Cuba en 1989. Il a travaillé comme spécialiste en construction d'aéroport pour Cubana de Aviación. Il s'est marié avec une citoyenne du Panama et a vécu pendant quelques années dans ce pays. Plus tard, il a déménagé à Miami et effectué des travaux de maintenance à la base aéronavale Boca Chica à Key West.

Antonio Guerrero a deux fils, Antonio âgé de 28 ans et Gabriel de 20 ans.

Antonio Guerrero à la prison fédérale de Florence au Colorado.

9. Voir dans la troisième partie « Douze hommes et deux chats, Avec Gerardo Hernández et son peloton en Angola. »

À la fois peintre et poète, Antonio Guerrero a écrit de nombreux poèmes en prison dont certains ont été publiés en anglais et en espagnol sous le titre *Desde mi altura*. D'autres prisonniers lui ont appris à peindre et dessiner. Une collection de ses peintures a été présentée dans plusieurs villes à travers l'Amérique du Nord [10].

Il a été condamné à une peine de prison à vie plus dix ans, qu'il a commencé à purger à la prison fédérale de haute sécurité de Florence, au Colorado. En octobre 2009, il a obtenu une réduction de sa peine à 21 ans et 10 mois. Il a ensuite été transféré à la prison à sécurité moyenne de Florence. En janvier 2012, il a été transféré dans une autre prison à sécurité moyenne, à Marianna en Floride.

À l'énoncé de sa sentence en décembre 2001, Antonio Guerrero a déclaré à la cour fédérale : « Si on me demandait encore une fois d'accomplir cette tâche, je l'accomplirais avec honneur. »

Dans une interview publiée dans le numéro du 2 septembre 2008 du magazine cubain *Bohemia*, Antonio Guerrero a dit que les Cinq Cubains ne devraient pas être « considérés différemment des millions de compatriotes qui chaque jour donnent tout pour la révolution et qui auraient pu se trouver à notre place et auraient agi exactement de la même manière. Nous ne sommes rien de plus que des Cubains des temps actuels, des révolutionnaires des temps actuels. »

Ramón Labañino Salazar

Ramón Labañino, âgé de 49 ans, est né dans une famille paysanne à Marianao dans la province de La Havane, le 9 juin 1963. Pendant la guerre révolutionnaire, sa mère Nereida s'est impliquée dans le travail de soutien à l'Armée rebelle dans la province de l'Oriente, à l'est de Cuba.

Dirigeant étudiant au niveau secondaire, il a poursuivi ses études à l'Université de La Havane où il a obtenu un diplôme d'économie. Il est aussi sorti premier de sa classe dans le programme de cinq années d'enseignement militaire de l'université. En 1987, Ramón Labañino est devenu membre de l'Union des jeunes communistes. L'année suivante, il a occupé différentes tâches en tant qu'officier au ministère de l'Intérieur. En 1991, il a

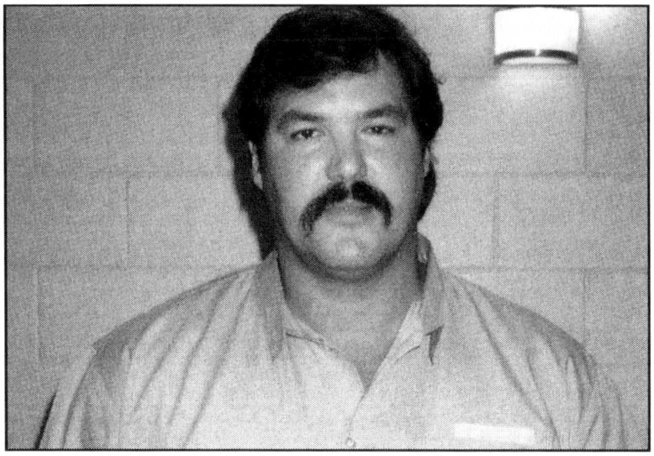

Ramón Labañino

été accepté comme membre du Parti communiste de Cuba au sein duquel il a occupé des responsabilités de direction.

Amateur de sport, il pratique le karaté et a pris part aux Jeux des Caraïbes en tant qu'étudiant. Il est marié à Elizabeth Palmeiro et a trois filles : Ailí, âgée de 25 ans, Laura, 20 ans, et Lizbeth, 16 ans.

Comme ses quatre camarades emprisonnés, quand Ramón Labañino est parti aux États-Unis au début des années 90, il ne pouvait rien révéler de sa mission à sa femme ou sa famille, pas même en 1998 quand il est venu rendre visite à sa mère qui était gravement malade, sachant qu'il n'allait plus la revoir. « Je n'ai jamais su le travail qu'il faisait, il ne m'en a jamais parlé et je ne le lui ai jamais demandé, » a dit Holmes Labañino, son père. « Dès son plus jeune âge, il a toujours su ce qu'il avait à faire et a toujours fait ce qu'il fallait faire. »

Le jour où a été prononcée sa sentence, Ramón Labañino a déclaré devant la cour : « Je porterai l'uniforme de prisonnier avec le même honneur et la même fierté qu'un soldat porte ses plus hauts insignes militaires. Ceci a été un procès politique ; en conséquence, nous sommes des prisonniers politiques. »

Ramón Labañino a été condamné à une peine de prison à perpétuité plus 18 ans et a été emprisonné pendant de nombreuses années dans des prisons à haute sécurité au Texas et plus tard au Kentucky. En décembre 2009, sa peine a été réduite à 30 ans et il a ensuite été transféré dans une prison à sécurité moyenne, à Jesup en Géorgie.

10. Voir dans la quatrième partie l'article d'Antonio Guerrero « Poète et peintre : apprendre à dessiner en prison. »

Fernando González comme combattant volontaire en Angola.

Fernando González Llort

Fernando González, âgé de 49 ans, est né à La Havane le 18 août 1963. Il a été un dirigeant étudiant au secondaire et à l'université ainsi que dans l'Union des jeunes communistes. Il a obtenu son diplôme avec distinction à l'Institut supérieur de relations internationales Raúl Roa García.

Fernando González, comme des dizaines de milliers de jeunes de sa génération, s'est porté volontaire pour aller combattre en Angola de 1987 à 1989. Il a fait partie d'une unité militaire de renseignement lorsque les troupes cubaines et angolaises ont mis en déroute les forces armées d'invasion du régime d'apartheid sud-africain dans la bataille de Cuito Cuanavale. Il a reçu les médailles de « Combattant internationaliste » et de « Pour la victoire de Cuba-République populaire d'Angola. »

En 1988, au cours de sa mission en Angola, il a été admis comme membre du Parti communiste de Cuba.

Fernando González est le compagnon de Rosa Aurora Freijanes depuis 1990. Peu après le début de leur relation, il a entrepris sa mission spéciale aux États-Unis. « Nous avons dû faire des démarches interminables pour nous marier en prison, » a dit Rosa Aurora Freijanes dans *Cartas de amor y esperanza*, un livre de correspondance entre les Cinq Cubains et leurs familles.

Aux États-Unis, Fernando González a eu comme tâche principale de surveiller Orlando Bosch, le contre-révolutionnaire entraîné par la CIA. Orlando Bosch a été impliqué dans l'attentat à la bombe de 1976 contre un avion de ligne cubain au-dessus de la Barbade, qui a tué l'ensemble des 73 passagers et membres d'équipage.

La mère de Fernando González, Magali Llort, décrit son fils comme un « Cubain typique. » Elle dit qu'il est « un homme qui possède des idées qui l'ont rendu cohérent et une loyauté vis-à-vis de son pays pour laquelle nous devons toujours, je crois, lui être reconnaissants. »

Dans la déclaration qu'il a lue devant la cour fédérale à Miami juste avant d'être condamné en décembre 2001, il a souligné le soutien accordé par le gouvernement U.S. à des assassins contre-révolutionnaires qui attaquent Cuba. « Aussi longtemps que la situation reste telle que je l'ai décrite, Cuba a le droit moral de se défendre de la manière dont mes camarades et moi l'avons fait. »

« Honnêtement, je n'ai pas été surpris par son attitude, » a dit à la presse cubaine Bladimir La Rosa Vega, un de ses camarades de combat en Angola, quand il a appris sa conduite digne pendant le procès truqué.

Fernando González a été condamné à une peine de 19 ans de prison qui a été réduite en décembre 2009 à 17 ans et 9 mois. Il est actuellement incarcéré dans la prison fédérale à sécurité minimale de Safford en Arizona.

René González Sehwerert

René González, âgé de 56 ans, est né à Chicago le 13 août 1956. Comme Antonio Guerrero, il est citoyen des États-Unis. Son père Cándido González,

CUBADEBATE

René González, le jour de sa libération conditionnelle le 7 octobre 2011, avec son père Cándido et sa fille Irma.

syndicaliste dans la sidérurgie, et sa mère Irma Sehwerert militaient au sein du Mouvement du 26 juillet parmi les travailleurs immigrés cubains. Après la victoire de la révolution en 1959, ils sont restés aux États-Unis pour s'occuper du travail de défense de la révolution. En 1961, la famille est retournée à Cuba où les parents de René sont devenus des dirigeants syndicaux.

Très tôt, René González a voulu devenir pilote d'avion, mais il a dû renoncer plus d'une fois à ses aspirations pour se porter volontaire pour d'autres responsabilités. Après avoir obtenu son baccalauréat, en tant que cadre de l'Union des jeunes communistes, il s'est porté volontaire pour travailler comme enseignant à la campagne.

Citoyen à la fois des États-Unis et de Cuba, il n'était pas tenu de s'enrôler dans les forces armées, mais en 1974 il s'est porté volontaire pour effectuer son service militaire. Il l'a terminé avec un grade élevé de conducteur de char.

En 1977, en chemin vers l'école d'aviation, il a appris que son ancienne unité de chars partait pour l'Angola afin d'y rejoindre la mission internationaliste. René González a décidé de les rejoindre.

Au cours d'une réunion publique devant des jeunes des États-Unis en 2003, sa mère Irma a raconté qu'au début René « n'avait pas été accepté parce qu'il venait tout juste de terminer son service militaire. Il disait : « Je dois aller en Angola. » Alors il est monté sur sa bicyclette un vendredi après-midi, a pédalé pendant des kilomètres jusqu'à ce qu'il trouve les deux officiers qui pouvaient lui donner les formulaires et les signatures nécessaires. Il a obtenu les signatures. Et tôt le lundi, il est parti pour l'Angola. » Artilleur dans une brigade de chars, il a servi en Angola jusqu'en 1979 et a été décoré pour bravoure.

Un de ses camarades de combat en Angola, Luis Nieves Otaño, a raconté plus tard que pendant leur service, « le gouvernement cubain a révélé publiquement l'identité de plusieurs agents de sécurité [de l'État cubain] qui avaient infiltré des groupes mafiosi basés aux États-Unis [et qui étaient de retour à Cuba au moment de l'annonce]. Après l'avoir lu dans un journal, nous nous étions mis à commenter le courage de ces camarades et j'ai dit à René : « Tu as les caractéristiques et l'état pour mener à bien ce genre de mission. » Il m'a alors immédiatement répondu : « Je l'espère.[11] »

11. Voir dans la troisième partie l'entrevue avec René González « Les oeuvres les plus belles, ce sont des hommes imparfaits qui les réalisent. »

Pour écrire à Gerardo, Ramón, Antonio et Fernando

Gerardo Hernández
Reg. #58739-004
US Penitentiary
P.O. Box 3900
Adelanto, CA 92301

Ramón Labañino (Luis Medina)
Reg. #58734-004
FCI Ashland
P.O. Box 6001
Ashland, KY 41105
Note : *l'enveloppe doit être adressée à « Luis Medina, » mais la lettre à l'intérieur peut être adressée à Ramón.*

Antonio Guerrero
Reg. #58741-004
Apache A
FCI Marianna
P.O. Box 7007
Marianna, FL 32447-7007

Fernando González (Rubén Campa)
Reg. #58733-004
FCI Safford
P.O. Box 9000
Safford, AZ 85548
Note : *l'enveloppe doit être adressée à « Rubén Campa, » mais la lettre à l'intérieur peut être adressée à Fernando.*

René González est en « liberté surveillée » en Floride. Pour sa sécurité, son adresse n'est pas disponible.

Après son retour d'Angola, René González a finalement terminé son entraînement comme pilote. Il a travaillé comme instructeur de vol jusqu'en 1985 quand il a été désigné chef d'escadron à la base aérienne de San Nicolás de Bari. En 1990, il est devenu membre du Parti communiste de Cuba. Cette même année, il a accepté sa mission suivante pour défendre la révolution, cette fois aux États-Unis.

Dans sa déclaration devant la cour U.S. au moment d'être condamné, il a expliqué ce que les Cinq faisaient en Floride. « Cette question des agents cubains a une solution très simple : laissez Cuba tranquille. Occupez-vous de vos affaires. Respectez la souveraineté du peuple cubain, a-t-il dit. Je serais très heureux de saluer le dernier espion qui retournera sur l'île. Nous avons mieux à faire là-bas, des choses bien plus constructives que de surveiller les criminels qui circulent librement dans les rues de Miami. »

René González a été condamné à 15 ans de prison. Il a purgé la plupart de sa peine dans la prison fédérale de Marianna, au nord de la Floride. Le 7 octobre 2011, il a été placé en « liberté surveillée » sous la juridiction du bureau de probation de la cour fédérale. Les autorités U.S. l'obligent à demeurer aux États-Unis encore trois ans dans ces conditions.

René et son épouse Olga Salanueva ont deux filles, Irma, âgée de 28 ans, et Ivette, âgée de 15 ans. Olga Salanueva, qui vivait avec lui à Miami quand il a été arrêté en 1998, a été expulsée à Cuba en 2000 et son autorisation de séjour aux États-Unis lui a été retirée. Elle n'a pas vu son mari depuis plus de 10 ans.

LES 24 NOVEMBRE ET 1ER DÉCEMBRE 2008

LE COUP MONTÉ DU « COMPLOT D'ASSASSINAT » CONTRE GERARDO HERNÁNDEZ

Martín Koppel

Qu'est-il arrivé le 24 février 1996 au large de La Havane ?

Les faits aident à dévoiler le coup monté du gouvernement U.S. contre Gerardo Hernández, déclaré coupable et condamné à deux peines d'emprisonnement à perpétuité plus 15 ans sur la base de fausses accusations, y compris celle de « complot en vue de commettre un assassinat. » Les procureurs ont accusé Gerardo Hernández d'avoir « appuyé et mis en oeuvre un plan » du gouvernement cubain pour abattre deux avions hostiles qui avaient envahi l'espace aérien cubain, un acte de légitime défense de la part d'un gouvernement souverain.

En ce jour de 1996, trois avions ont décollé de l'aéroport Opa-locka près de Miami et pénétré loin dans l'espace aérien cubain. Ceux qui pilotaient ces avions étaient membres d'une organisation cubaine américaine contre-révolutionnaire, les Frères à la rescousse, qui avait organisé pendant des années des vols de provocation sur le territoire cubain malgré les avertissements répétés de La Havane à Washington. Cette fois-ci, l'armée de l'air cubaine a abattu deux des avions qui avaient ignoré les mises en gardes insistantes des contrôleurs aériens cubains leur enjoignant de faire demi-tour.

Mais les responsables du gouvernement U.S. ont tenté de transformer la victime en criminel et le criminel en victime. Ils prétendent que les Frères à la rescousse étaient en mission « humanitaire » pour sauver des Cubains dérivant sur des radeaux vers les côtes de la Floride. Ils affirment que les avions ont été abattus dans l'espace aérien international et non pas cubain. Et ils prétendent que Gerardo Hernández connaissait déjà le plan pour abattre ces avions ce jour-là.

Quels sont les faits ?

José Basulto : un vaurien entraîné par la CIA

Loin d'être humanitaire le dirigeant fondateur des Frères à la rescousse José Basulto est un contre-révolutionnaire formé par la CIA. Interrogé lors de son témoignage contre les cinq révolutionnaires cubains au cours de leur procès fédéral en mars 2001, il a fièrement reconnu ses activités, étalées sur plusieurs décennies.

José Basulto a déclaré qu'après la victoire de la révolution cubaine il a reçu une formation de la CIA au Panama, au Guatemala et aux États-Unis. Il « a reconnu avoir été entraîné en matière de renseignements, communications, explosifs, sabotage et subversion, » a rapporté le *Miami Herald* du 13 mars 2001. La CIA l'a introduit furtivement à Cuba, où il s'est fait passer pour un étudiant en physique à l'Université d'Oriente à Santiago, afin d'aider à préparer le terrain pour l'invasion de la baie des Cochons en 1961 par des mercenaires organisés par Washington. Les travailleurs cubains ont écrasé l'invasion en moins de 72 heures.

Gerardo Hernández (à droite) avec l'avocat Leonard Weinglass.

En août 1962, José Basulto et d'autres contre-révolutionnaires sont partis des États-Unis sur une vedette munie d'un canon de 20 mm. Ils ont tiré depuis les eaux cubaines sur l'hôtel Sierra Maestra et le théâtre avoisinant Charles Chaplin (maintenant Karl Marx) à La Havane. Pendant les années 1980, il a piloté des vols pour approvisionner les *contras*, les forces militaires organisées et financées par Washington qui cherchaient à renverser la révolution nicaraguayenne.

José Basulto, qui est devenu un homme d'affaires aisé de Miami, a témoigné au procès qu'il avait lancé les Frères à la rescousse en 1991 comme un groupe de « secours humanitaire » visant à recueillir des Cubains qui cherchaient à atteindre la Floride en radeau. Telle était la couverture sous laquelle le groupe a mené de nombreuses opérations provocatrices au large de Cuba et recueilli par la même occasion des millions de dollars en dons au profit d'« un organisme caritatif à but non lucratif. »

Mais les Frères à la rescousse ont modifié leurs tactiques suite aux accords d'immigration de 1994 et 1995 entre Cuba et les États-Unis, qui ont amené les autorités fédérales à retourner les Cubains interceptés avant d'arriver en sol américain. « Sans les radeaux, l'argent s'est tari, » a noté le *Miami Herald* dans un article sur le témoignage de José Basulto.

Et on pourrait ajouter qu'après le 24 février 1996, le flux de volontaires s'est aussi tari.

Provocations contre Cuba

Enhardis par l'attitude de Washington, qui n'a rien fait pour empêcher ces provocations, les Frères à la rescousse ont multiplié leurs vols au-dessus de Cuba en 1994. Le 10 novembre, le groupe a piloté deux avions à partir de la base navale de Guantánamo et largué des tracts sur la région orientale de Cuba appelant la population à renverser le gouvernement.

Le groupe a publiquement reconnu avoir organisé des vols pour lâcher des tracts antigouvernementaux près de La Havane en juillet 1995 et à deux reprises en janvier 1996. Le gouvernement cubain a exigé plusieurs fois que Washington prenne des mesures pour faire cesser ces incursions dans son espace aérien. Suite à un vol à basse altitude au-dessus de la capitale le 13 juillet 1995, Cuba a émis un avis public stipulant qu'il pourrait « couler tout bateau étranger et abattre tout avion » qui pénétrerait en territoire cubain avec des motifs hostiles.

Washington n'a pourtant pris aucune mesure pour mettre un terme à cette escalade de provocations, pas même la simple annulation des brevets des pilotes.

Les autorités cubaines ont signalé deux violations hostiles de l'espace aérien cubain le 24 février 1996. Trois avions Cessna ont d'abord rebroussé chemin après leur interception par des chasseurs MIG cubains.

Lorsque le centre de contrôle aérien de La Havane a constaté qu'un des trois Cessnas se dirigeait à nouveau vers l'espace aérien cubain au nord de La Havane, il a émis un avertissement. Selon une déclaration du ministère des Affaires étrangères cubain, le pilote a répondu qu'il « n'avait clairement pas le droit de voler dans cette zone, mais qu'il le ferait quand même. »

Une transcription rendue publique par Washington sur la base des enregistrements des services de renseignement U.S. comprend l'échange radiophonique suivant entre la tour de contrôle de La Havane et José Basulto.

LA HAVANE : Nous vous informons que le secteur au nord de La Havane est activé. Vous courez un risque en volant au sud du 24 [le vingt-quatrième parallèle].

JOSÉ BASULTO : Nous sommes conscients que nous courons un risque chaque fois que nous entrons dans le secteur au sud du vingt-quatrième, mais nous le faisons volontiers en tant que Cubains libres.

Les trois avions ont pénétré dans l'espace aérien cubain. Après avoir ignoré les avertissements des avions de l'armée de l'air cubaine, deux des avions ont été abattus à l'intérieur de la limite territoriale de 12 milles [19,3 km] de l'île. Le troisième avion, piloté par José Basulto, s'est enfui vers l'espace aérien international.

Une action souveraine dans l'espace aérien cubain

Washington soutient que les avions ont été abattus dans l'espace aérien international, même s'il reconnaît que José Basulto a brièvement violé le territoire cubain. L'administration Clinton, comme indiqué précédemment, s'est servie de cette assertion pour justifier l'adoption de la Loi Helms-Burton, une escalade majeure dans la guerre économique contre Cuba.

Clinton a signé en janvier 2001 un décret exécutif transférant 96 millions de dollars de fonds cubains bloqués aux familles des quatre contre-révolutionnaires tués dans les avions abattus. L'argent venait de paiements dus à la compagnie de téléphone de Cuba pour les services téléphoniques entre les deux pays.

Les représentants U.S. ont fourni à l'Organisation de l'aviation civile internationale (OACI) des données radar appuyant leur thèse selon laquelle les événements du 24 février 1996 se sont déroulés au-dessus des eaux internationales. Or les données radar fournies par Cuba ont démontré que les avions des Frères à la rescousse étaient à l'intérieur de son territoire.

Un rapport de l'OACI en juin 1996 a estimé que les données radar U.S. et cubaines ne pouvaient être réconciliées. Il a néanmoins affirmé que l'incident a eu lieu dans les eaux internationales. L'agence a déclaré qu'elle basait sa conclusion sur la position du paquebot de croisière U.S. Majesty of the Seas qui naviguait à proximité de Cuba à ce moment-là.

Or l'exactitude du journal de bord du bateau de croisière est contestée. Le rapport de l'OACI lui-même reconnaît qu'elle « n'a obtenu aucune preuve corroborant la position du Majesty of the Seas. »

Le gouvernement des États-Unis n'a rien fait pour empêcher le groupe contre-révolutionnaire les Frères à la rescousse de violer l'espace aérien cubain à plusieurs reprises avant que ses avions soient abattus le 24 février 1996. **Ci-dessus :** José Basulto, le dirigeant de ce groupe, formé par la CIA, qui a une longue histoire d'actions violentes contre Cuba.

Le capitaine en second du bateau Bjorn Johansen, qui a témoigné en faveur de l'accusation lors du procès des Cinq Cubains, a informé par la suite le chercheur brésilien Fernando Morais qu'il avait basé ses rapports sur une « observation visuelle » de la position de son bateau et non sur le système électronique du vaisseau. Sa crédibilité est de plus ternie par le fait que le propriétaire du paquebot, la Royal Caribbean Cruise Line, faisait à l'époque partie des donateurs importants de l'organisation réactionnaire Fondation nationale cubaine américaine, et qu'un de ses vice-présidents Peter Whelp faisait partie de la « Haute commission pour la reconstruction de Cuba » de la fondation.

Pendant le procès, un témoin de la défense, le colonel retraité de l'armée de l'air U.S. George Buchner, a contesté les conclusions de l'OACI et a suggéré qu'il n'y avait qu'un moyen de déterminer de façon concluante où les avions s'étaient écrasés : en examinant les photos satellites du gouvernement U.S. même, que Washington refuse de rendre publiques[12].

Il a poursuivi en disant que les preuves démontraient que les pilotes des Frères à la rescousse étaient bien à l'intérieur de l'espace aérien cubain quand leurs avions ont été abattus. George Buchner, un ancien commandant régional du Commandement de la défense aérospatiale de l'Amérique du Nord (NORAD), a expliqué qu'il avait revu les transcriptions des conversations entre les pilotes des MIG et un commandant cubain au sol fournies par l'Agence de sécurité nationale U.S. Il en a conclu que les deux avions ont été abattus respectivement à environ 6 milles [9,7 km] et 5,5 milles [8,9 km] de la côte cubaine.

« Le déclencheur a été le moment où le premier avion a franchi la limite territoriale de 12 milles, a-t-il dit. Ceci a permis au gouvernement de Cuba d'exercer son droit souverain de protéger son espace aérien. »

En fait, a dit George Buchner, le pilote de l'armée de l'air cubaine « a fait preuve de retenue » en

12. En lien avec la requête d'habeas corpus de Gerardo Hernández en cours devant les tribunaux, ses avocats ont également demandé aux agences gouvernementales U.S. de leur fournir des copies des images satellites de la région au moment de l'incident. Voir aussi « Des erreurs de l'avocat de la défense et de nouvelles preuves à la base de l'appel de Gerardo Hernández » dans la deuxième partie.

cessant de poursuivre l'avion de José Basulto quand il est revenu dans l'espace aérien international.

De plus, a rapporté le *Miami Herald*, « George Buchner a affirmé que les Cessnas avaient renoncé à leur statut d'avions civils car ils portaient encore les inscriptions de l'armée de l'air U.S. et avaient été utilisés pour lâcher des tracts attaquant le gouvernement cubain. »

En fait, depuis des années les contre-révolutionnaires basés aux États-Unis utilisent des Cessnas et d'autres avions « civils » pour mener une guerre biologique contre la canne à sucre et d'autres produits agricoles cubains, larguer des bombes incendiaires et introduire des saboteurs et espions sur l'île.

Abattre les avions n'était pas un « complot »

Gerardo Hernández a été inculpé de complot en vue d'assassinat parce qu'il aurait fourni aux autorités cubaines en février 1996 des renseignements sur le plan de vol des Frères à la rescousse, dans le cadre d'un prétendu complot visant à abattre les avions de l'organisation.

En réalité, les Frères à la rescousse avaient eux-mêmes communiqué leur plan de vol à l'Administration fédérale de l'aviation (FAA), qui a ensuite transmis ces informations aux autorités de contrôle aérien de La Havane.

Après des mois de provocations croissantes de la part des Frères à la rescousse et après les avertissements de Cuba affirmant que le pays ne continuerait pas à tolérer ces provocations, Washington et La Havane s'attendaient tous deux à un incident. Le jour avant que les avions ne soient abattus, une note de service interne de la FAA avertissait qu'« il ne serait pas improbable que demain les [Frères à la rescousse] tentent de voler sans autorisation dans l'espace aérien cubain, au mépris du gouvernement de Cuba et de sa politique » et que La Havane « serait probablement moins disposée à faire preuve de retenue cette fois-ci. »

L'action cubaine n'a pas étonné non plus les dirigeants des Frères à la rescousse. Juan Pablo Roque, un ancien pilote de l'armée de l'air cubaine qui était parti à Miami en 1992 et s'était joint aux Frères à la rescousse pour surveiller leurs activités en se faisant passer pour un contre-révolutionnaire, est retourné à Cuba le jour avant que les deux avions ne soient abattus. Juan Pablo Roque est passé à la télévision cubaine trois jours plus tard pour dévoiler certaines des activités de l'organisation. Celles-ci comprenaient, a-t-il dit, des projets visant à introduire des munitions antipersonnel à Cuba et faire sauter des pylônes de haute tension pour couper l'alimentation électrique.

Lors d'une interview à la chaine de télévision CNN le 27 février 1996, Juan Pablo Roque a précisé qu'il avait informé José Basulto que les autorités cubaines s'attendaient à une provocation et étaient prêtes à abattre des avions U.S. qui pénétreraient sans autorisation dans leur espace aérien.

« J'ai essayé de convaincre les Frères à la rescousse de ne pas poursuivre leurs vols, a-t-il dit. Mais ils ne voulaient rien entendre. Mon avis ne comptait pas, car ils voulaient des martyrs pour stimuler leur industrie anti-Castro. »

LE 3 AOÛT 2009

« Cuba a le droit moral de se défendre comme mes *compañeros* et moi l'avons fait. »

Fernando González
décembre 2001

À droite : Un rassemblement de 5 000 personnes à Holguín à Cuba, le 19 novembre 2011, pour exiger la libération des Cinq Cubains. La Fédération des femmes cubaines a organisé cette action dans le cadre d'une conférence internationale en soutien à la campagne internationale pour la libération des Cinq.

EDGAR BATISTA/AHORA

EDGAR BATISTA/AHORA

À gauche : Au premier rang du rassemblement à Holguín, à partir de la droite : Rosa Aurora Freijanes et Elizabeth Palmeiro, épouses de Fernando González et Ramón Labañino ; Magali Llort (quatrième en partant de la droite) et Mirta Rodríguez (en avant), mères de Fernando González et Antonio Guerrero. Roselia Taño, secrétaire générale de la Fédération des femmes cubaines à Holguín, est derrière Mirta Rodríguez. Jorge Cuevas, premier secrétaire du Parti communiste de la province, est à l'extrême gauche.

RADHAMÉS MORALES

À droite : Manifestation le 21 avril 2012 à Washington dans le cadre de cinq journées d'action à travers le monde pour exiger la libération des Cinq Cubains.

LE PROCÈS DES CINQ : LEÇON DE « JUSTICE » CAPITALISTE

Martín Koppel

Du début à la fin, le procès fédéral des cinq révolutionnaires cubains à Miami a servi de leçon sur la manière dont le système de « justice » U.S. défend les intérêts du pouvoir capitaliste.

Les requêtes de la défense pour transférer le procès en dehors de Miami ont été systématiquement refusées. Le tribunal a sévèrement limité l'accès de la défense aux preuves présentées par les procureurs. Bien que le gouvernement ait été incapable de prouver ses allégations « de complot en vue d'espionnage » et d'autres accusations, les cinq hommes ont été condamnés pour tous les chefs d'accusation et ont reçu les peines maximales.

Le procès qui s'est tenu devant la cour fédérale du district sud de la Floride a été un procès politique du début à la fin. Il a duré presque sept mois, de novembre 2000 à juin 2001 ; 74 témoins y ont été entendus, y compris trois généraux et un amiral U.S. à la retraite. Malgré les questions fondamentales que posait ce procès, de la violation des droits garantis par les dix premiers amendements de la constitution U.S., la Déclaration des droits, à la politique étrangère de Washington, les médias du grand patronat U.S. ne l'ont pas couvert en dehors du sud de la Floride.

La FISA contre la Déclaration des droits

Les accusations du gouvernement contre les Cinq Cubains ont reposé sur des « preuves » recueillies par écoute téléphonique ainsi que des fichiers informatiques et autres biens personnels saisis à leurs domiciles. Les agents du FBI ont agi sous la Loi de surveillance des services de renseignement étrangers (FISA).

Promulguée par le président Carter en 1978, la FISA vise à contourner les garanties constitutionnelles encadrant les fouilles et saisies sans mandat ainsi que les violations du droit à un traitement équitable. Cette loi a établi un tribunal qui fonctionne à huis clos au sein du département de la Justice pour donner aux services fédéraux de police l'autorisation de réaliser de la surveillance physique et électronique dans le but de recueillir des « informations sur les services de renseignement étrangers. »

La juge de district U.S. Joan Lenard a rejeté les motions de la défense demandant de supprimer les preuves obtenues par ces « fouilles et saisies déraisonnables, » interdites par le quatrième amendement de la constitution. Le tribunal a aussi permis à l'accusation d'utiliser des documents rassemblés de cette manière tout en refusant aux accusés le même accès aux documents.

Après que les agents fédéraux ont saisi plus de 20 000 pages de documents aux cinq hommes, le département de la Justice a apposé la mention « très secret » sur chacune des pages. Or aucun texte n'était un document secret du gouvernement U.S.

Le gouvernement a ensuite invoqué la Loi sur les procédures s'appliquant aux informations classées secrètes (CIPA), qui permet au tribunal de limiter l'accès de la défense aux preuves. Les procureurs avaient le droit de présenter en preuve des documents fortement censurés ou des « résumés » de documents. Les avocats de la défense ne pouvaient examiner les documents, même censurés, que dans une salle spéciale au sous-sol du palais de justice, d'où ils ne pouvaient sortir leurs notes de travail.

Beaucoup de preuves ont été supprimées. Suivant les dispositions de la CIPA, les procureurs ont rencontré la juge en privé afin de décider quelles preuves seraient cachées à la défense et exclues du procès, y compris des documents qui auraient pu contredire les arguments du gouvernement.

Par exemple, l'accusation a prétendu que Gerardo Hernández savait à l'avance que deux des avions des Frères à la rescousse seraient abattus par le gouvernement cubain. Comme preuve, elle a affirmé qu'après l'incident « Hernández a écrit à ses supérieurs que lui et d'autres étaient fiers d'avoir contribué à une opération qui « s'est terminée avec succès » et que les services de renseignements cubains ont félicité Hernández pour « les résultats remarquables obtenus dans ce travail, » comme le prétend un mémo écrit du gouvernement U.S.

Au cours d'un entretien téléphonique le 1er avril 2009 avec le cinéaste Saul Landau publié dans la revue *Progreso Semanal* (reproduit dans le *Militant* du 20 juillet 2009,) Gerardo Hernández a expliqué comment les preuves avaient été manipulées par la suppression de documents.

Juste avant que les avions soient abattus, Gerardo Hernández avait aidé Juan Pablo Roque, un compagnon révolutionnaire cubain qui infiltrait les Frères à la rescousse, à retourner à Cuba. « Le gouvernement U.S. voulait démontrer que le retour de Roque était lié à la destruction des avions. C'est totalement faux. Il est bien établi que le retour de Roque avait été prévu un an avant cet événement. »

Mais l'accusation, a-t-il poursuivi, « a habilement retiré de la preuve certains échanges qui se réfèrent à l'opération Venise, le retour de Roque, pour qu'elle semble plutôt se référer à l'opération Scorpion, l'opération qui visait à mettre fin à la violation de l'espace aérien cubain.

« Ceci est clairement illustré par un message que j'ai envoyé à la demande de Cuba pour dire que c'était un honneur pour moi d'avoir apporté une modeste contribution à une mission réussie. Les preuves montrent très clairement que ce message se référait à l'opération Venise, celle qui concernait Roque. Le gouvernement l'a utilisé comme seule pièce à conviction pour affirmer que j'avais quelque chose à voir avec la destruction des avions, même s'ils savaient que le message ne se référait pas à l'opération Scorpion. [...] L'accusation a sciemment confondu les deux. »

Le gouvernement U.S. a aussi empêché les avocats de la défense, nommés par la cour, de se préparer de manière adéquate pour le procès en limitant l'accès à leurs clients, maintenus en cellules d'isolement pendant 17 mois avant le procès.

La juge refuse de transférer le procès

La défense a demandé dès le début de transférer le procès, en s'appuyant sur le fait que les accusés ne pourraient bénéficier d'un procès impartial dans le comté de Miami-Dade. Cette question a été au centre du procès. Mais malgré la large publicité autour des arrestations et du procès ainsi que les actions d'intimidation organisées par les forces contre-révolutionnaires cubaines américaines, la juge Lenard a rejeté sept motions de la défense pour transférer les débats, même à Fort Lauderdale dans le comté de Broward, à seulement 50 km au nord.

Dès le moment des arrestations, les autorités U.S. ont créé un climat destiné à faire le procès des Cinq dans les médias. Elles ont annoncé la découverte d'un « réseau d'espionnage cubain » en Floride qui « menace la sécurité nationale. » La presse capitaliste à Miami en a rajouté en publiant gros titres et éditoriaux à sensation sur « Des espions parmi nous »[13].

Des groupes armés de Cubains américains de droite ont aussi fait partie du tableau, même s'ils étaient bien plus faibles qu'au cours des décennies précédentes. Ils ont organisé des protestations à Miami pendant le procès, y compris des actions pour marquer l'anniversaire du jour où les avions ont été abattus. Au cours des mois précédant le procès, une polarisation s'est aussi développée à Miami autour de la controverse entourant Elián González. Des forces de droite ont organisé des manifestations de rue pour s'opposer au retour de l'enfant à son père à Cuba.

Pendant la sélection du jury, plusieurs jurés potentiels ont admis être préoccupés par les conséquences qu'ils pourraient subir s'ils acquittaient les Cinq Cubains. Selon le procès-verbal, par exemple, David Cuevas a dit qu'il craindrait « pour ma propre sécurité » s'il n'arrivait pas à un verdict de culpabilité « acceptable pour la communauté cubaine. » Jess Lawhorn, un banquier en crédit immobilier, a exprimé de l'inquiétude concernant des représailles économiques qui pourraient « affecter [sa] capacité d'accorder des prêts. » John

13. Voir l'article « Des journalistes payés par le gouvernement ont attisé les préjugés dans le procès des Cinq Cubains » dans la deuxième partie. Il décrit le rôle du Bureau de radiodiffusion vers Cuba du gouvernement U.S. dans des versements de milliers de dollars à des journalistes de Miami, qui ont écrit des articles préjudiciables aux Cinq. Il s'agit d'un des motifs pour l'appel en habeas corpus actuellement devant les tribunaux.

McGlamery, un juré potentiel, a affirmé qu'à cause de la publicité et de l'atmosphère explosive, il pourrait s'avérer difficile de suivre les instructions de la cour et de ne pas s'exposer soi-même à des demandes d'information sur le procès.

Ces parties du procès-verbal ainsi que d'autres parties similaires ont été citées ultérieurement par la cour d'appel pour étayer l'argument de la défense selon lequel les Cinq n'avaient pas obtenu un procès équitable à cause du refus du tribunal de Miami d'accéder à la demande de transférer le procès et d'ordonner la tenue d'un nouveau procès.

Les inquiétudes exprimées par beaucoup de jurés potentiels étaient bien fondées. Le 27 novembre 2000, le premier jour de la sélection des jurés, les forces de droite ont organisé une manifestation sur les marches du palais de justice à laquelle ont participé des parents des pilotes des Frères à la rescousse qui avaient été abattus. Les jurés ont été exposés à la manifestation qui a eu lieu pendant l'heure du déjeuner et quelques-uns ont été abordés par la presse.

La juge Lenard a pris quelques mesures pour faire croire que les jurés étaient protégés de telles pressions. Elle a ordonné aux autorités gouvernementales de parler aux parents des pilotes concernant leur conduite inappropriée. Elle a prolongé un ordre enjoignant aux jurés et témoins, en plus des avocats, de ne pas parler de l'affaire et a mis sous scellé les questions posées pendant la sélection du jury. Elle a ordonné que les jurés soient accompagnés de policiers quand ils quittaient le bâtiment. Pendant le procès elle a aussi limité les croquis des témoins afin de les protéger.

Des jurés ont continué de se plaindre qu'ils se sentaient harcelés. De nouveau la juge a modifié leur transport sous garde au palais de justice ainsi que leurs entrées et sorties.

Mais pendant les délibérations, des chaines de télévision de droite ont continué à filmer des jurés qui entraient et sortaient du palais de justice, en les suivant jusqu'à leurs voitures. Elles ont même filmé leurs plaques d'immatriculation.

À un moment du procès, lorsque l'avocat de la défense Paul McKenna a interrogé José Basulto, le chef des Frères à la rescousse, sur l'histoire d'attaques armées de cette organisation contre Cuba, José Basulto a répondu sèchement : « Êtes-vous en train de faire le travail des services de renseignement de Cuba ? » Il s'agissait d'un avertissement

PHOTOS DE JONATHAN SILBERMAN/MILITANT

Le 7 octobre 2008, une manifestation devant l'ambassade U.S. à Londres demande la libération des Cinq Cubains. **En médaillon :** Olga Salanueva (à gauche) et Adriana Pérez, épouses respectives de René González et Gerardo Hernández, se sont jointes à cette action en soirée. Le gouvernement U.S. leur a refusé à plusieurs reprises un visa pour rendre visite à leur mari. Les manifestants exigeaient que Washington leur accorde des visas.

clair en direction des jurés pour montrer comment ils pourraient être traités s'ils rendaient un verdict de non culpabilité.

La juge a dit au jury d'ignorer la remarque. Après avoir réprimandé José Basulto, elle a permis que le procès se poursuive.

Deux poids, deux mesures

Les procureurs fédéraux ont soutenu dès le début qu'un procès impartial pour les cinq révolutionnaires cubains pourrait se tenir à Miami-Dade. Mais à peine un an plus tard dans un autre procès, celui de *Ramírez contre Ashcroft*, le procureur Guy Lewis, qui avait fait partie de l'équipe de l'accusation au procès contre les Cinq Cubains, a présenté une motion pour transférer ce procès, en affirmant qu'un procès équitable à Miami-Dade était « virtuellement impossible » à cause de la couverture des médias et des « préjugés » de la communauté.

Lors du procès de Ramírez, John Ashcroft, alors procureur général des États-Unis, et le Service de l'immigration et de la naturalisation étaient accusés de discrimination à l'embauche contre des Latinos. En demandant que le procès soit transféré, le gouvernement a cité beaucoup des mêmes faits qu'il avait rejetés comme non pertinents dans le cas des Cinq Cubains, y compris les manifestations de droite autour du cas d'Elián González.

Pendant la sélection du jury pour le procès contre les Cinq Cubains, quelques-unes des douze personnes choisies pour faire partie du jury, qui ne comprenait aucun Cubain américain, ont exprimé de l'hostilité envers le gouvernement cubain. David Buker, qui a dit qu'il croyait que « [Fidel] Castro est un dictateur communiste et [...] j'aimerais le voir parti et une démocratie s'établir à Cuba, » a été sélectionné et nommé président du jury.

En même temps, l'accusation a utilisé la récusation péremptoire (élimination d'un candidat au jury sans raison explicite) pour exclure des Américains africains du jury. Elle a utilisé neuf des onze récusations péremptoires auxquelles elle avait droit pour éliminer des jurés potentiels. Sur les neuf exclus, sept étaient noirs. Une des bases des appels interjetés par la suite contre le coup monté a été le fait que l'exclusion disproportionnée d'Américains africains du jury était discriminatoire et qu'elle violait la clause de protection égale du quatorzième amendement à la Constitution.

Les procureurs fédéraux avaient de bonnes raisons de chercher à réduire le nombre de Noirs dans le jury. De par leurs propres expériences, beaucoup d'Américains africains dans le sud de la Floride, surtout des travailleurs, sont plus à même que d'autres de détecter un coup monté et de rejeter les préjugés de classe des policiers et de leur « justice ». Et certains connaissent les contributions remarquables de Cuba révolutionnaire aux luttes de libération à travers le monde.

Les décisions de la cour d'appel en 2005 et 2006

Le 8 juin 2001, le tribunal de district U.S. a déclaré les cinq hommes coupables de tous les chefs d'accusation établis par le jury fédéral d'accusation. En décembre, la juge Lenard les a condamnés à des peines de prison maximales. Ils ont été dispersés à travers le pays dans cinq prisons fédérales distinctes. Leurs avocats ont interjeté appel.

Près de quatre ans plus tard, en août 2005, une commission de trois juges de la cour d'appel du onzième circuit, située à Atlanta, a cassé à l'unanimité les condamnations et a ordonné un nouveau procès.

Citant beaucoup des faits déjà décrits dans cet article, les juges ont décidé que la formation d'un « jury impartial dans ce procès » était « improbable en raison des préjugés largement répandus » dans la région de Miami. Ils ont mentionné « la publicité dans les médias sur « Des espions sont parmi nous » et la perception que ces organisations [contre-révolutionnaires cubaines] pourraient causer du tort aux membres du jury qui rendraient un verdict contraire à leur opinion. » Et le gouvernement a rajouté de l'huile sur le feu en recourant à des déclarations incendiaires pendant ses plaidoiries finales que la cour d'appel a caractérisé de « références inappropriées des procureurs. »

Les juges ont ordonné la tenue d'un nouveau procès ailleurs qu'à Miami en raison de « la tempête parfaite » créée par ces conditions.

Le gouvernement U.S. a contesté la décision de la cour d'appel et dans un recours rarement utilisé a exigé la révision de ce jugement par l'ensemble de la cour d'appel (*en banc*). En août 2006, à 10 voix contre 2, la cour d'appel d'Atlanta a cassé le jugement de la commission. Elle a confirmé le rejet par le tribunal de première instance des motions pour transférer le procès et a confirmé les condamnations. Elle a renvoyé les autres questions soumises à l'appel à la commission des trois juges.

Les juges Stanley Birch et Phyllis Kravitch, qui avaient fait partie de la commission des trois juges, ont émis une opinion dissidente. Ils ont réaffirmé leur conclusion selon laquelle le procès méritait « d'être transféré à cause de préjugés largement répandus dans la communauté. » Ils ont réaffirmé leur opinion « que les condamnations devaient être cassées et qu'il fallait renvoyer la cause à un nouveau procès. »

LE 17 AOÛT 2009

LES ACCUSATIONS FABRIQUÉES CONTRE LES CINQ CUBAINS ET LEURS PEINES

Gerardo Hernández, Ramón Labañino, Antonio Guerrero, Fernando González et René González ont été déclarés coupables d'un total de 33 chefs d'accusation par un tribunal fédéral U.S., le 8 juin 2001. Ils ont reçu les peines maximales. Voici les accusations portées contre chacun d'eux et les peines prononcées par la juge fédérale Joan Lenard à Miami.

GERARDO HERNÁNDEZ

• Complot pour commettre un meurtre

• Complot pour recueillir et transmettre à un gouvernement étranger des renseignements liés à la défense nationale (souvent réduite à « complot pour commettre de l'espionnage » dans les documents du tribunal)

• Agir et faire agir d'autres personnes en agent d'un gouvernement étranger sans s'enregistrer auprès du procureur général (sept chefs d'accusation)

• Complot pour agir en agent d'un gouvernement étranger sans s'enregistrer auprès du procureur général

• Fraude et mauvais usage de documents (deux chefs d'accusation)

• Possession avec intention d'utiliser cinq fausses pièces d'identité ou plus

Gerardo Hernández a été condamné à deux peines de prison à perpétuité plus quinze ans. En 2008, une cour d'appel fédérale a déterminé que sa condamnation à perpétuité pour complot en vue de commettre de l'espionnage dépassait les recommandations fédérales en matière de peines, puisqu'aucune information hautement confidentielle n'avait été recueillie ou transmise. La cour a toutefois refusé de réduire la peine, expliquant que l'autre peine de prison à perpétuité rendait l'erreur dans la sentence « sans conséquence sur la durée de son emprisonnement. »

ANTONIO GUERRERO

• Complot pour recueillir et transmettre à un gouvernement étranger des renseignements liés à la défense nationale

• Agir en agent d'un gouvernement étranger sans s'enregistrer auprès du procureur général

• Complot pour agir en agent non déclaré d'un gouvernement étranger

Antonio Guerrero a été condamné à la prison à perpétuité plus 10 ans. En 2008, une cour d'appel fédérale a déterminé que sa condamnation à perpétuité pour complot en vue de faire de l'espionnage dépassait les recommandations fédérales en matière de peines puisque aucune information hautement confidentielle n'avait été recueillie ou transmise. En 2009, la sentence a été réduite à 21 ans et 10 mois de prison suivis de cinq ans de liberté surveillée.

FERNANDO GONZÁLEZ

- Agir et faire agir d'autres personnes en agent non déclaré d'un gouvernement étranger (deux chefs d'accusation)
- Complot pour agir en agent non déclaré d'un gouvernement étranger sans s'enregistrer auprès du procureur général
- Fraude et mauvais usage de documents
- Possession avec intention de les utiliser de cinq fausses pièces d'identité ou plus

Fernando González a été condamné à 19 ans de prison. En 2008, une cour d'appel fédérale a déterminé que sa sentence était excessive au regard des recommandations fédérales en matière de peines, étant donné qu'il n'avait pas le contrôle ni la responsabilité de superviser d'autres accusés concernant l'accusation de faux documents d'identité. En 2009, la peine a été réduite à 17 ans et 9 mois de prison, suivis de trois ans de liberté surveillée. La date prévue de sa sortie de prison est le 27 février 2014.

RENÉ GONZÁLEZ

- Agir en agent d'un gouvernement étranger sans s'enregistrer auprès du procureur général
- Complot en vue d'agir en agent non déclaré d'un gouvernement étranger sans s'enregistrer auprès du procureur général

René González a été condamné à 15 ans de prison suivis de trois ans de liberté surveillée. Après avoir passé 13 ans et 24 jours en prison, il est en liberté conditionnelle depuis octobre 2011 et purge actuellement sa peine de liberté surveillée en Floride.

RAMÓN LABAÑINO

- Complot pour recueillir et transmettre des renseignements liés à la défense nationale
- Agir et faire agir d'autres personnes en agents non déclarés d'un gouvernement étranger (quatre chefs d'accusation)
- Complot pour agir en agent non déclaré d'un gouvernement étranger
- Fraude et mauvais usage de documents (deux chefs d'accusation)
- Fausse déclaration lors d'une demande de passeport
- Possession avec intention de les utiliser de cinq fausses pièces d'identité ou plus

Ramón Labañino a été condamné à la prison à perpétuité plus 18 ans. En 2008, une cour d'appel fédérale a déterminé que sa condamnation à perpétuité pour complot en vue de faire de l'espionnage dépassait les recommandations fédérales en matière de peines puisqu'aucune information hautement confidentielle n'avait été recueillie ou transmise. En 2009, la sentence a été réduite à trente ans suivis de cinq ans de liberté surveillée.

« Les Cinq sont en prison pour nous, pour tous ceux qui luttent pour leur dignité, leur avenir, leur libération »

« Après avoir examiné l'affaire de manière approfondie pendant plusieurs années, l'organisation estime qu'il existe de sérieux doutes au sujet de l'équité et de l'impartialité de leur procès. [...] Amnistie internationale soutient les appels aux autorités exécutives des États-Unis pour qu'elles révisent cette affaire par une procédure de clémence ou par d'autres moyens appropriés. »

Amnistie internationale, rapport d'octobre 2010

« Le maintien en détention de ceux qu'on appelle les Cinq Cubains est injustifiée. Des tribunaux U.S. et des organisations des droits de l'homme à travers le monde ont exprimé des doutes. Ils sont aujourd'hui emprisonnés depuis plus de douze ans et j'espère qu'ils seront libérés dans un proche avenir et qu'ils pourront rentrer chez eux. »

James Carter, ancien président U.S., le 30 mars 2011

« Il y a un certain temps, nous étions les cinq nationalistes, cinq frères portoricains. Aujourd'hui, ce sont cinq frères cubains. À l'époque, Cuba s'était battu ardemment pour obtenir notre libération inconditionnelle. Aujourd'hui, les Cinq Cubains sont en prison pour nous. Pour tous les hommes et les femmes qui se battent pour leur dignité, pour leur avenir, pour leur libération. »

Rafael Cancel Miranda, indépendantiste portoricain, l'un des cinq nationalistes qui ont passé 25 années dans les prisons des États-Unis, février 2005

« Un climat de partialité et de préjugés a persisté contre les accusés à Miami. Il a contribué dès le début à présenter les accusés comme des coupables. [...] Il s'est avéré presque impossible de sélectionner un jury impartial dans une affaire liée à Cuba. »

Groupe de travail des Nations unies sur la détention arbitraire, opinion de cinq juges émise le 27 mai 2005

« Au nom de nos 3,3 millions de membres, je vous écris pour dénoncer le maintien en détention des Cinq Cubains et pour vous [président Obama] demander d'intervenir pour les libérer de prison. [...] Ils étaient aux États-Unis pour surveiller les activités d'exilés cubains qui, à partir de bases situées à Miami, préparaient des actions violentes contre des personnes innocentes à Cuba. Le maintien en prison de ces patriotes cubains est moralement indéfendable. »

Kenneth Georgetti, président, Congrès du travail du Canada, juillet 2012

« Nos frères cubains ont joué un rôle décisif dans notre lutte pour l'indépendance de l'Angola. Nous ne resterons pas là à ne rien faire pendant qu'ils restent en prison aujourd'hui. Nous continuerons à nous battre pour leur liberté. »

Luzia Inglês, secrétaire générale, Organisation des femmes angolaises, septembre 2008

DEUXIÈME PARTIE

« Nous continuerons jusqu'à la victoire »

La liberté se gagnera par « un jury de millions de personnes. » **Gerardo Hernández,** septembre 2008

TOM BAUMANN/MILITANT

PAUL MAILHOT/MILITANT

CAROLE LESNICK/MILITANT

BILL ARTH/MILITANT

NATALIE MORRISON/MILITANT

En haut à gauche : New York. 29 juin 2009. Rassemblement devant l'édifice Fédéral.

En haut à droite : Washington. Manifestation le 13 septembre 2008. Róger Calero, candidat présidentiel du Parti socialiste des travailleurs en 2008, et Mary-Alice Waters, dirigeante du SWP, portent la banderole.

Au milieu à gauche : Davis en Californie. Quelque 75 jeunes, la plupart Chicanos, discutent le cas des Cinq Cubains lors d'un forum organisé par l'association étudiante Sigma Lambda Beta de l'Université de la Californie, le 6 mai 2009.

Au milieu à droite : Los Angeles. 13 août 2011. Les orateurs lors d'un événement en soutien aux Cinq Cubains : à partir de la gauche : Alicia Jrapko, Comité international pour la libération des Cinq Cubains ; Tony Woodley, ancien président du syndicat Unite au Royaume-Uni ; Cristina Vázquez, vice-présidente internationale du SEIU (Syndicat international des employés de services) ; Mike García, président du SEIU-Travailleurs de services de l'Ouest ; et Natasha Hickman, rédactrice de *Cuba Sí*, journal de la Campagne de solidarité avec Cuba du Royaume-Uni.

En bas : Minneapolis. Ouverture de l'exposition de caricatures politiques de Gerardo Hernández « Humour de ma plume, » le 19 novembre 2011.

LA COUR D'APPEL CONFIRME LES CONDAMNATIONS ET ORDONNE LA RÉDUCTION DE TROIS PEINES

Sam Manuel

Le 4 juin 2008, une cour d'appel fédérale à Atlanta a rejeté l'appel formulé par cinq révolutionnaires cubains pour casser leurs condamnations injustes, près de 10 ans après avoir été emprisonnés par le gouvernement des États-Unis sur la base d'accusations fabriquées de toutes pièces.

Cependant, la commission de trois juges a annulé les peines de trois des accusés, dont deux purgeaient des peines de prison à vie, parce qu'elle les a jugées excessives. Elle a renvoyé leurs causes devant la juge de première instance pour une révision des peines.

C'était le deuxième appel d'Antonio Guerrero, Gerardo Hernández, Ramón Labañino, Fernando González et René González à parvenir à la cour d'appel. En 2005, une commission de trois juges de ce tribunal, la cour d'appel des États-Unis pour le onzième circuit, avait annulé les condamnations en affirmant que les cinq hommes n'avaient pas bénéficié d'un procès équitable à Miami. Un an après, les 12 juges de la cour réunis au complet ont cassé ce jugement tout en autorisant des appels sur d'autres points.

Dans la décision du 4 juin 2008, un des trois juges, Stanley Birch, a soutenu le maintien des condamnations mais a réitéré en même temps sa conviction que les accusés n'avaient pas reçu un procès équitable à Miami. Il a aussi soutenu qu'il aurait fallu accorder leur requête, présentée lors du précédent appel, de transférer le procès ailleurs et qu'il aurait fallu ordonner un nouveau procès. « Les accusés ont subi un tel degré de préjudice du fait des préjugés manifestes largement répandus dans la communauté que leurs condamnations auraient dû être annulées, » a-t-il écrit. Au cours du procès de 2001, la juge Joan Lenard a rejeté les motions répétées de la défense pour le transfert du procès en dehors de Miami, où les menaces de la droite et le parti pris hostile des grands médias avaient créé une atmosphère préjudiciable.

Les cinq ont été condamnés pour complot en vue de recueillir et transmettre des informations liées à la défense nationale sans s'être déclarés en tant qu'agents d'un gouvernement étranger et pour d'autres accusations fabriquées de toutes pièces. Gerardo Hernández a également été faussement accusé de « complot en vue d'un assassinat. »

Dans une déclaration de protestation contre le jugement, la Guilde nationale des avocats a cité Leonard Weinglass, un avocat des Cinq Cubains, qui a fait remarquer que « les procureurs ont toujours utilisé le complot comme chef d'accusation dans les procès politiques. » De cette manière, le gouvernement n'a pas à prouver que l'espionnage a réellement eu lieu mais peut imposer des sentences (dans le cas de Gerardo Hernández, deux peines de prison à perpétuité plus quinze ans) comme si l'espionnage avait réellement eu lieu, a dit Leonard Weinglass.

Afin de faire valoir l'accusation de complot, le gouvernement doit prouver l'existence d'une « concertation pour atteindre un objectif illégal, » mais pas que « les accusés ont mené à bien l'objectif du complot, » a affirmé le jugement, confirmant la condamnation de René González, qui purge une peine de 15 ans.

Désaccord sur « un complot en vue d'assassiner »

Les juges se sont divisés 2 contre 1 sur la question du maintien de la condamnation de Gerardo Hernández pour l'accusation de complot en vue de commettre un assassinat. Cette accusation a été faite suite à la destruction par les forces aériennes cubaines de deux avions pilotés par les Frères à la rescousse, un groupe de droite cubain américain qui violait l'espace aérien de Cuba à répétition et de manière de plus en plus agressive. Son dirigeant José Basulto a une longue histoire d'attaques armées contre Cuba, parmi lesquelles sa participation à l'invasion mercenaire de Cuba organisée par Washington en 1961 dans la baie des Cochons et une attaque contre un hôtel cubain en 1962.

René González et un autre cubain, Juan Pablo Roque, qui lui n'était pas aux États-Unis au moment des arrestations, ont adhéré aux Frères à la rescousse pour obtenir des informations sur leurs plans de survol du territoire cubain et sur des attaques possibles contre Cuba. Le gouvernement U.S. prétend que La Havane a ordonné à Gerardo Hernández de dire aux deux hommes d'éviter de voler avec le groupe pendant certains jours précis au cours desquels les forces aériennes cubaines allaient « affronter » les vols provocateurs.

L'accusation a aussi cité de prétendues remarques de Gerardo Hernández après la destruction des avions dans lesquelles il aurait approuvé cet acte d'auto-défense du gouvernement cubain. Ces deux choses, a-t-elle dit, ont constitué une « concertation » ou un « complot » de Gerardo Hernández concernant la destruction des deux avions.

Dans un mémoire divergent de 16 pages formulé en termes vifs, la juge Phyllis Kravitch a voté en faveur de l'annulation de la condamnation de Gerardo Hernández et qualifié « les preuves » apportées par le gouvernement d'au mieux « spéculatives ». Elle a fait remarquer que les Frères à la rescousse avaient violé l'espace aérien cubain de façon répétée depuis 1994 et avaient même survolé une fois le centre de La Havane à basse altitude. Le gouvernement cubain, a-t-elle écrit, s'était plaint par écrit à deux reprises auprès de l'Administration fédérale de l'aviation U.S. au sujet de ces incursions et avait averti que Cuba était en droit d'abattre tout avion envahisseur. José Basulto s'est même vanté de ses vols lors d'une émission de radio de Miami, mais les autorités U.S. n'ont rien fait contre lui.

La juge a constaté qu'une accusation de complot doit être fondée sur une concertation pour « atteindre un objectif illégal, » mais que le gouvernement U.S. n'a pas réussi à prouver que Gerardo Hernández avait comme objectif « d'abattre les avions dans l'espace aérien international plutôt que dans l'espace aérien cubain. » Le gouvernement cubain affirme avoir abattu les avions à l'intérieur de son propre espace aérien.

La juge Phyllis Kravitch a ajouté que le gouvernement « n'a absolument pas réussi à prouver de façon suffisante que Gerardo Hernández avait pris part à une quelconque concertation pour abattre les avions. »

Des sentences disproportionnées

Sur la base de cette accusation infondée, Gerardo Hernández a été condamné à deux peines de perpétuité plus 15 ans. René González a été condamné à 15 ans de prison, Fernando González, à 19 ans, Ramón Labañino, à la perpétuité plus 18 ans, et Antonio Guerrero, à la perpétuité plus 10 ans.

Tout en confirmant les condamnations contre les cinq, la cour a unanimement jugé que les sentences prononcées contre Ramón Labañino, Antonio Guerrero et Fernando González étaient excessives et n'avaient pas de fondement légal. Elle a conclu que le gouvernement n'avait pas réussi à démontrer que Ramón Labañino ou Antonio Guerrero avaient transmis des documents « très

ERIC SIMPSON/MILITANT

San Francisco, 6 juin 2008. Rassemblement suite à la décision de la cour d'appel d'Atlanta de maintenir la condamnation des Cinq Cubains.

secrets » à Cuba et n'avait pas réussi à prouver que Fernando González était un « chef » du groupe.

Des violations de droits constitutionnels

Les accusations du gouvernement contre les Cinq Cubains se basent sur des « preuves » que des agents du FBI sont allés chercher secrètement à leurs domiciles et dans leurs ordinateurs, sous couvert de la Loi de surveillance des services de renseignement étrangers (FISA). Cette loi de 1978 constitue une atteinte aux protections contre les perquisitions et saisies abusives garanties par les dix premiers amendements à la constitution U.S., la Déclaration des droits. Cette loi a créé un tribunal secret à l'intérieur du département de la Justice des États-Unis dans le seul but d'entériner les requêtes des agences de police fédérales pour espionner les résidents U.S. sans avoir à faire une demande de mandat auprès d'un tribunal normal.

Le jugement du 4 juin a confirmé la décision du tribunal de première instance de ne pas exclure les preuves obtenues par les perquisitions secrètes. Il a déclaré que le gouvernement avait certifié que la requête approuvée par la FISA était appropriée. « Quand des requêtes, comme c'est le cas ici, contiennent les certifications requises, elles ne font l'objet « que d'un contrôle minimal de la part des tribunaux. » Le tribunal qui examine l'appel n'a pas plus d'autorité pour vérifier les certifications de la branche exécutive que n'en a le tribunal de la FISA. »

Le jugement a confirmé la décision du magistrat de première instance Joan Lenard d'empêcher les accusés et leurs avocats d'examiner la totalité des documents présentés comme preuves car certains documents pourraient contenir des informations classées secrètes. Les avocats de la défense n'ont été autorisés qu'à consulter des documents largement censurés ou des « résumés ».

Les avocats des Cinq Cubains ont dit qu'ils demanderont au tribunal au complet de reconsidérer son jugement. Ils ont également affirmé qu'ils envisagent de faire appel devant la Cour suprême des États-Unis.

LE 23 JUIN 2008

Extraits d'opinions de juges de la cour d'appel U.S.

« LES CONDAMNATIONS DES PRÉVENUS DEVRAIENT ÊTRE ANNULÉES »

« Malgré les nombreux efforts de la cour de district pour assurer la sélection d'un jury impartial lors du procès, nous constatons que la mise en place d'un tel jury dans cette communauté était une probabilité déraisonnable en raison d'un préjugé omniprésent. [...]

« Les arguments du gouvernement concernant le mal que représente Cuba et la menace que représente Cuba pour la sacralité de la vie américaine n'ont servi qu'à jeter de l'huile sur le feu des passions de la communauté. [...]

« Un nouveau procès a été rendu obligatoire par la tempête parfaite créée lorsque le déferlement de sentiments omniprésents dans la ville et la vaste couverture médiatique à la fois avant et pendant le procès se sont combinés aux références abusives des procureurs. »

— Extraits de la décision rendue en août 2005 par les juges Stanley Birch, Phyllis Kravitch et James Oakes, de la cour d'appel des États-Unis pour le onzième circuit à Atlanta, qui ont annulé les condamnations des Cinq Cubains et ordonné un nouveau procès

« Il s'agit d'une de ces affaires rares et exceptionnelles qui justifient un changement de juridiction à cause des préjugés omniprésents dans la ville et qui rendent impossible la sélection d'un jury impartial. [...] Les condamnations des prévenus devraient être annulées et l'affaire renvoyée pour un nouveau procès. »

— Extraits de l'opinion dissidente des juges Stanley Birch et Phyllis Kravitch en août 2006 lorsque les 12 membres de la cour d'appel fédérale à Atlanta ont annulé le jugement de 2005 et confirmé les condamnations

« Le gouvernement a échoué dans sa tentative de présenter une preuve suffisante pour prouver au-delà de tout doute raisonnable que Gerardo Hernández a accepté de participer à un complot dans le but d'abattre des avions de BTTR [Frères à la rescousse] au-dessus de l'espace aérien international. [...]

« J'annulerais la condamnation et la peine concernant le chef d'accusation 3, complot en vue de commettre un assassinat. »

— Extraits de l'opinion dissidente de la juge Phyllis Kravitch en juin 2008, lorsque la commission de trois juges de la cour d'appel fédérale à Atlanta a confirmé les condamnations des Cinq mais a renversé les sentences de Ramón Labañino, Antonio Guerrero et Fernando González

LA COUR SUPRÊME REFUSE D'ENTENDRE L'APPEL

« Libérez les Cinq Cubains emprisonnés aux États-Unis ! » exigent des manifestants

Seth Galinsky

Le 15 juin 2009, la Cour suprême des États-Unis a refusé de réviser le cas des Cinq Cubains, sans donner de raison. Les partisans des cinq révolutionnaires cubains ont réagi en organisant des manifestations dans plusieurs villes et en intensifiant leurs efforts pour obtenir la libération des Cinq.

« Sur la base de l'expérience que nous avons eue, la décision de la Cour suprême ne m'étonne pas, » a dit Gerardo Hernández depuis la prison dans une déclaration publiée par l'Assemblée nationale de Cuba. « Il n'y a plus de doute que notre affaire est depuis le début une affaire politique. »

Les avocats des Cinq avaient fait appel auprès de la Cour suprême le 30 janvier. Douze déclarations écrites en qualité d'*amicus curiae* [amis de la cour] ont été soumises à la Cour pour soutenir la demande de révision du cas.

Parmi les déclarations soumises, il y avait celles de l'Association politique mexicano-américaine, de la Guilde nationale des avocats, la Conférence nationale des avocats noirs, la clinique des droits civils de la faculté de Droit de l'université Howard et dix lauréats du prix Nobel.

Les déclarations reviennent sur trois aspects fondamentaux du procès de 2001, qui a duré plus de six mois : le refus de la juge de première instance d'accorder un transfert du procès en dépit des préjugés anti-Castro largement répandus à Miami, le rejet par le procureur du gouvernement de sept jurés potentiels qui sont noirs et la condamnation de Gerardo Hernández sans la moindre preuve pour complot en vue de commettre un assassinat.

La Guilde nationale des avocats et la Conférence nationale des avocats noirs ont fait remarquer dans leur déclaration que lors de la toute première journée de sélection des jurés, des éléments anti-Castro de droite ont tenu une conférence de presse et rempli la salle d'audience avec leurs partisans. Des incidents similaires d'intimidation se sont produits tout au long du procès.

En août 2005, une commission de trois juges de la cour d'appel du onzième circuit a statué que le sentiment hostile à la révolution cubaine, partagé par un grand nombre de personnes à Miami, en plus d'« une publicité considérable à la fois avant et pendant le procès » et des déclarations « abusives » de la part du procureur, ont créé les « pires conditions » qui rendaient impossible un procès juste pour les Cinq. La cour a ordonné un nouveau procès. Mais sa décision a été annulée un an plus tard par la cour d'appel siégeant en plénière.

En refusant de revoir le cas, la Cour suprême « a fait ce que l'administration Obama lui avait demandé de faire, » a déclaré l'Assemblée nationale de Cuba après que la décision a été annoncée. « Nous voyons se manifester une fois de plus l'arbitraire d'un système corrompu et hypocrite. »

« Il est maintenant temps d'intensifier nos actions, remuer ciel et terre et ne laisser aucune porte fermée » dans le combat pour libérer les Cinq, a affirmé l'Assemblée.

Trente personnes ont manifesté devant la Maison-Blanche peu après l'annonce de la décision en scandant « Justice différée, justice refusée ! Libérez les Cinq Cubains maintenant ! »

Les manifestants exigeaient que le président Barack Obama gracie les Cinq. D'autres manifestations ont eu lieu à San Francisco et à New York.

« Tant qu'une personne continuera de lutter à l'extérieur, nous continuerons de résister jusqu'à ce que justice soit rendue, » a souligné Gerardo Hernández dans sa déclaration.

Susan LaMont à Washington a contribué à cet article.

LE 29 JUIN 2009

PEINE DE PRISON RÉDUITE POUR ANTONIO GUERRERO

Le gouvernement entend le « bruit » de la condamnation internationale

Mary-Alice Waters et Ernest Mailhot

MIAMI, le 13 octobre 2009 — Antonio Guerrero est sorti aujourd'hui de la cour fédérale du district sud de la Floride avec une peine de prison réduite à 21 ans et dix mois. Compte tenu d'une réduction de peine pour sa conduite, reconnue dans la décision de la juge de district U.S. Joan Lenard, Antonio Guerrero a dorénavant la possibilité d'obtenir une libération conditionnelle dans environ sept ans. Lorsqu'Antonio Guerrero est entré ce jour-là dans la salle d'audience, il purgeait une peine de réclusion à perpétuité plus dix ans, sans possibilité de libération conditionnelle. Cette sentence avait été rendue par la même juge en décembre 2001.

Antonio Guerrero et les quatre autres révolutionnaires cubains sont détenus dans des prisons U.S. depuis 1998 sous diverses accusations fabriquées de toutes pièces. En juin 2008, une cour d'appel fédérale a annulé les peines de trois des Cinq : Antonio Guerrero, Ramón Labañino et Fernando González. Elle a jugé ces peines excessives car elles ne correspondaient pas aux faits révélés au procès. La cour d'appel a ordonné qu'une nouvelle sentence soit déterminée pour chacun des trois.

Dans le cas d'Antonio Guerrero et de Ramón Labañino, la décision du tribunal d'appel a noté qu'ils avaient été reconnus coupables de complot en vue d'espionnage alors qu'aucune preuve n'avait été présentée démontrant qu'ils avaient recueilli ou transmis des informations hautement confidentielles au gouvernement cubain.

En plus d'une réduction de peine et, pour la première fois, la possibilité d'une libération conditionnelle, il y a aussi une possibilité raisonnable, au sortir de l'audience d'aujourd'hui, qu'Antonio Guerrero soit envoyé dans un établissement correctionnel fédéral à sécurité intermédiaire au lieu d'un pénitencier à sécurité maximale. [Depuis janvier 2012, il est détenu dans la prison à sécurité intermédiaire à Marianna en Floride.] Comme l'a fait remarquer son avocat Leonard Weinglass en s'adressant au tribunal aujourd'hui, Antonio Guerrero a passé en isolement cellulaire près de 30 pour cent du temps qu'il a passé dans le pénitencier fédéral !

En rendant sa décision d'aujourd'hui, la cour fédérale a rejeté à la fois les arguments de l'avocate principale du gouvernement, Caroline Heck Miller, et de l'avocat d'Antonio Guerrero, Leonard Weinglass. Ceux-ci s'étaient entendus avant l'audience pour proposer à la juge de réduire la peine d'Antonio Guerrero à 20 ans. C'aurait été un an et dix mois de moins que les recommandations fédérales pour les fausses accusations dont Antonio Guerrero a été déclaré coupable. Au lieu de cela, la juge Lenard a imposé la peine minimale dans le cadre des recommandations fédérales conseillées aux magistrats.

La juge Lenard a exigé de Caroline Heck Miller qu'elle explique pour quelles raisons le gouvernement a proposé une peine inférieure au minimum légal recommandé. Caroline Heck Miller était aussi la principale avocate du gouvernement fédéral au moment du procès des Cinq en 2001, pendant lequel elle avait plaidé vigoureusement en faveur d'une sentence à perpétuité.

Évoquant l'efficacité de la campagne internationale en défense des Cinq, Caroline Heck Miller a noté que l'affaire avait soulevé énormément « de contestation et de bruit » et que le gouvernement préférait « céder quelque chose » afin d'« apaiser les eaux troubles de contestation qui entourent ce cas à travers le monde. »

Il n'existe pas de meilleure raison pour intensifier la campagne internationale en faveur de la libération des Cinq Cubains !

LE 26 OCTOBRE 2009

PEINES RÉDUITES POUR FERNANDO GONZÁLEZ ET RAMÓN LABAÑINO

Le gouvernement reconnaît qu'il n'y a pas eu d'espionnage

Mary-Alice Waters et Ernest Mailhot

MIAMI, le 8 décembre 2009 — Ramón Labañino est entré aujourd'hui dans la salle d'audience du district sud de la Floride en affichant un grand sourire et en donnant des signes d'approbation à plus de 40 partisans présents. Il a lancé un baiser à sa femme Elizabeth Palmeiro assise à la première rangée. Son coaccusé Fernando González est lui aussi entré et sorti de sa comparution devant le tribunal avec la même dignité et les mêmes gestes. Les deux ont manifesté leur confiance que, malgré leur emprisonnement pendant plus de 11 ans dans des prisons fédérales U.S., la campagne pour obtenir leur libération se renforce à travers le monde.

En juin 2008, une cour d'appel fédérale a annulé les peines imposées à trois des Cinq Cubains : Antonio Guerrero, Ramón Labañino et Fernando González. Elle a déclaré que les sentences ne correspondaient pas aux faits établis au procès. La cour d'appel a ordonné qu'une nouvelle sentence soit imposée à chacun d'eux.

Ramón Labañino reçoit une visite de son père Holmes et de son frère Holmito à la prison fédérale McCreary au Kentucky en avril 2010.

Dans le cas d'Antonio Guerrero et de Ramón Labañino, la cour a noté dans son jugement qu'ils avaient été condamnés pour complot en vue de commettre de l'espionnage mais que « le tribunal de district n'a jamais établi que des renseignements hautement confidentiels avaient été rassemblés ou transmis. » Les peines de prison à perpétuité que la juge du district fédéral Joan Lenard leur a infligées en décembre 2001 allaient à l'encontre des règles fédérales en matière de peine.

Dans le cas de Fernando González, la cour d'appel a déclaré que rien ne permettait d'affirmer qu'il « a exercé un contrôle ou une influence » sur n'importe quel autre participant au « crime ». Pour cette raison, la sentence de 19 ans était excessive. Leurs cas ont été renvoyés à la juge Lenard pour une révision des peines.

Ramón Labañino, qui purgeait une peine de prison à perpétuité plus 18 ans sans aucune possibilité de libération conditionnelle, a quitté la salle d'audience aujourd'hui avec sa peine réduite à 30 ans. La peine de 19 ans imposée à Fernando González a été réduite à 17 ans et neuf mois. Le 13 octobre, la peine de prison à perpétuité plus dix ans d'Antonio Guerrero avait été réduite à 21 ans et dix mois.

La cour d'appel a refusé d'annuler la peine draconienne de deux peines de prison à vie plus 15 ans imposée à Gerardo Hernández ou la peine de 15 ans imposée à René González. L'une des peines de prison à perpétuité de Gerardo Hernández a été imposée sur les mêmes bases erronées que celles imposées à Antonio Guerrero et Ramón

Labañino. Mais la cour d'appel a jugé « qu'il n'est pas nécessaire de réviser la peine de Gerardo Hernández car les erreurs [...] ne lui portent pas préjudice. » Gerardo Hernández a aussi été condamné à la prison à vie suite à son inculpation fabriquée de toutes pièces pour complot en vue de commettre un meurtre en lien avec la destruction de deux avions qui ont violé l'espace aérien cubain en février 1996. La cour d'appel a jugé que « toute erreur dans le calcul de la peine concomitante pour complot en vue de recueillir et transmettre des renseignements concernant la défense nationale est « sans conséquence sur le temps qu'il passera en prison. »

La réduction de peine de Ramón Labañino à 30 ans, soit le minimum selon les règles fédérales de peine conseillées, avait été recommandée par les avocats du gouvernement U.S. et l'avocat de la défense William Norris. La juge Lenard a accepté la recommandation après une courte audience.

Les avocats des deux côtés n'ont fait aucune recommandation dans le cas de Fernando González. La procureure assistante pour le district sud de la Floride Caroline Heck Miller a présenté un long résumé des témoignages et des documents introduits au procès de 2001 dans le but de démontrer la position du gouvernement selon laquelle le sérieux de la menace à la sécurité nationale U.S. que faisaient peser les actions de Fernando González justifiait la peine la plus longue possible.

Fernando González dans la prison fédérale de Terre Haute en Indiana.

Les cinq accusés cubains, comme ils l'ont réaffirmé de manière répétée au cours de la lutte pour leur libération, étaient aux États-Unis à la demande du gouvernement cubain afin de suivre de près les activités d'organisations américaines cubaines d'extrême-droite en Floride et de prévenir le gouvernement cubain d'attaques violentes prévues contre des cibles cubaines. Or la procureure Caroline Heck Miller les a décrits comme des agents d'un gouvernement étranger se livrant à des « actes pour se rendre justice en sol U.S. » Elle a demandé que la peine la plus sévère possible soit infligée à Fernando González afin de produire un « effet dissuasif » contre « tous les agents étrangers. »

Caroline Heck Miller a affirmé que la conduite des Cinq Cubains est « célébrée par un gouvernement étranger, ce qui fournit à d'autres une puissante motivation » pour qu'ils se livrent à des activités semblables à l'intérieur des États-Unis. Elle a dit qu'il fallait contrer cela par « un puissant moyen de dissuasion. » Elle faisait allusion au fait qu'à Cuba les Cinq sont des héros nationaux dont les noms et les visages sont affichés partout et qu'une campagne internationale pour leur libération continue de gagner du terrain.

Deux mois auparavant, au cours de l'audience visant à déterminer une nouvelle peine pour Antonio Guerrero, Caroline Heck Miller avait reconnu la pression exercée sur le gouvernement U.S. par le large soutien international que les Cinq ont obtenu. En réponse aux questions de la juge, elle avait expliqué au tribunal que le gouvernement espérait que des peines réduites calmeraient la « contestation » et le « bruit » qui entourent le cas.

En réduisant légèrement la peine imposée à Fernando González, la juge Joan Lenard a repris les arguments de l'avocate du gouvernement U.S. au sujet d'actes d'un gouvernement étranger « pour se faire justice en sol U.S. » Elle a dit que « les gouvernements étrangers doivent savoir que de telles activités ne seront pas tolérées » aux États-Unis. Elle a attiré l'attention sur la récente « tragédie de Fort Hood » et a affirmé que « la protection des droits constitutionnels des citoyens et la sécurité des installations et du personnel militaires des

États-Unis » étaient fondamentales pour les intérêts du pays en matière de sécurité nationale[1].

1. Une référence au massacre de 13 soldats U.S. à Fort Hood au Texas, le 5 novembre 2009. Le commandant Nidal Malik Hasan, un psychiatre de l'armée, qui est musulman et d'origine palestinienne, a été accusé pour ces meurtres. Le procès, d'abord prévu pour le mois de mars 2012, a été reporté.

Comme l'explique clairement une déclaration d'Antonio Guerrero, Ramón Labañino et Fernando González publiée immédiatement après les audiences d'aujourd'hui (voir l'article qui suit), les réductions de peines obtenues pour trois des accusés mettent tout le monde en meilleure position pour renforcer la lutte pour la liberté des cinq.

LE 21 DÉCEMBRE 2009

LES CINQ CUBAINS : « NOUS CONTINUERONS JUSQU'À LA VICTOIRE »

La déclaration suivante a été distribuée à la presse à la suite de l'audience pour réviser les peines de Fernando González et Ramón Labañino, le 8 décembre 2009 à Miami.

Chers frères et soeurs de Cuba et du monde,

Nous avons maintenant passé plus de 11 ans en prison sans obtenir justice à aucun niveau du système judiciaire U.S.

Trois d'entre nous ont été transférés à Miami pour recevoir de nouvelles sentences sur ordre de la cour d'appel du onzième circuit à Atlanta, qui a déterminé que nos peines avaient été établies de façon erronée.

Notre frère Gerardo Hernández, qui purge deux peines à perpétuité plus 15 ans, a été arbitrairement exclu de ce processus de révision de peine. Sa situation continue d'être la principale injustice de notre affaire. Le gouvernement U.S. sait que les accusations portées contre lui sont fausses et que sa sentence est injuste.

Ceci a été un processus complexe, très discuté et dans les moindres détails, auquel nous participons avec nos avocats. Nous n'avons renoncé à aucun iota de nos principes, de notre honneur et de notre décence. Nous avons toujours défendu notre innocence et la dignité de notre patrie.

De même que lors de notre arrestation, ainsi qu'en d'autres occasions au cours de ces longues années, le gouvernement U.S. nous a encore proposé de collaborer en échange de peines plus clémentes. Une fois de plus nous rejetons de telles propositions. C'est quelque chose que nous n'accepterons jamais, en aucune circonstance.

Le travail de l'équipe juridique et l'indestructible solidarité de chacun d'entre vous se reflètent dans les résultats de ces audiences de révision de peine.

Il est significatif que pour la première fois en 11 ans, le gouvernement U.S. a été contraint de reconnaître que nous n'avons causé aucun tort à sa sécurité nationale.

Aussi pour la première fois les procureurs ont reconnu publiquement l'existence d'un fort mouvement international en faveur de notre libération immédiate qui ternit la réputation du système judiciaire U.S. aux yeux de la communauté internationale.

Une fois de plus, se confirme le caractère complètement politique de ce processus.

On nous punit, nous les Cinq, sur la base d'accusations qui n'ont jamais été prouvées. Bien que trois de nos peines aient été partiellement réduites, l'injustice se poursuit contre nous tous.

Les terroristes cubains américains continuent de jouir d'une impunité totale.

Nous le répétons : les Cinq, nous sommes innocents !

Nous sommes profondément émus et reconnaissants de la solidarité continue que vous nous avez accordée et qui est si décisive dans cette longue bataille pour la justice.

Avec vous tous, nous continuerons jusqu'à la victoire finale, qui ne sera atteinte qu'avec le retour des Cinq dans la patrie.

Antonio Guerrero Rodríguez
Fernando González Llort
Ramón Labañino Salazar
LE 21 DÉCEMBRE 2009

CUBA PRESSE LA LUTTE POUR LE RETOUR DE RENÉ GONZÁLEZ

Michel Poitras

René González, un des cinq révolutionnaires cubains emprisonnés aux États-Unis pour des peines de prison draconiennes, a été libéré le 7 octobre 2011 après avoir purgé plus de 13 ans de sa peine de 15 ans. Le 16 septembre, la juge de district des États-Unis Joan Lenard a refusé d'autoriser René González à retourner à Cuba pour purger dans son propre pays les trois années de liberté surveillée qui font partie de sa sentence.

Il a déposé une demande en ce sens en février de cette année, en s'appuyant sur le fait qu'il n'a pas de famille proche aux États-Unis et que Washington a refusé à plusieurs reprises d'accorder un visa à son épouse Olga Salanueva pour qu'elle puisse lui rendre visite.

La juge Joan Lenard a conclu qu'une décision sur la motion de René González serait « prématurée » avant une certaine période d'expérience en « liberté surveillée. »

Lors d'une interview téléphonique le 27 septembre, l'avocat de René González, Philip Horowitz, a expliqué que les conditions de la libération de René González, y compris son lieu de résidence, sont entre les mains du bureau de probation des États-Unis.

La bataille pour obtenir la libération de tous les cinq Cubains, dont les enjeux sont considérables, suscite depuis quelques semaines une attention peu commune de la part du public.

Lors d'un voyage à La Havane du 7 au 14 septembre, Bill Richardson, un ancien gouverneur de l'État du Nouveau-Mexique, a indiqué que la Maison-Blanche offrait au gouvernement cubain de renoncer à la période de liberté surveillée de René González en échange de la libération d'Alan Gross, un citoyen U.S. qui purge une peine de 15 ans à Cuba pour avoir distribué du matériel de satellite sophistiqué dans le cadre d'une opération clandestine du département d'État visant à affaiblir le gouvernement cubain.

Cuba a rejeté la proposition de Bill Richardson après qu'il a décrit Alan Gross aux médias comme un « otage » de Cuba et juré avec arrogance de rester à Cuba jusqu'à ce qu'il le rencontre. « Cuba est un pays souverain qui n'accepte pas le chantage, la pression ou la démagogie, » a déclaré Josefina Vidal du ministère des Affaires étrangères cubain. La juge Lenard a décidé de maintenir sa directive initiale et de forcer René González à subir sa libération conditionnelle aux États-Unis deux jours après le voyage de Bill Richardson. La demande de René González était sur son bureau depuis février.

Lors d'une interview avec des rédacteurs et journalistes du *New York Times* publiée le 23 septembre, le ministre cubain des Affaires étrangères Bruno Rodríguez Parrilla a répondu aux questions concernant la libération d'Alan Gross en disant, « je peux vous dire que dans la liste des questions soumises [pour discussion] au gouvernement U.S., et je réaffirme que cette proposition est encore sur la table, se trouvait la question des Cinq Cubains, bien que nous comprenions qu'en plus d'être de nature judiciaire, cette question a aussi un caractère humanitaire.

« Je ne vois pas d'autre façon d'avancer vers une solution à l'affaire de M. Gross que dans une perspective humanitaire et sur une base de réciprocité. »

Dans un entretien antérieur avec le *Militant*, l'avocat de la défense Philip Horowitz a souligné qu'il est souvent permis aux prévenus qui ont une double nationalité, comme René González, qui est à la fois citoyen U.S. et cubain, de purger leur libération conditionnelle hors des États-Unis.

René González a proposé de renoncer à sa nationalité U.S. après sa libération si un accord l'autorisait à rentrer à Cuba le jour même.

LE 10 OCTOBRE 2011

DES ERREURS DE L'AVOCAT DE LA DÉFENSE ET DE NOUVELLES PREUVES À LA BASE DE L'APPEL DE GERARDO HERNÁNDEZ

Michel Poitras

Gerardo Hernández est l'un des cinq révolutionnaires cubains détenus depuis plus de 13 ans dans des prisons U.S., qui ont déposé une ordonnance d'habeas corpus devant un tribunal fédéral pour faire annuler les condamnations et les peines qui leur ont été imposées en 2001, sur la base d'accusations de complot montées de toutes pièces. Il y a deux ans, la Cour suprême a jugé irrecevables tous les appels de Gerardo Hernández et de ses quatre *compañeros*. Les motions d'habeas corpus sont maintenant la seule option juridique dans la lutte pour faire annuler le coup monté et obtenir leur libération.

Le gouvernement des États-Unis a accusé Gerardo Hernández de complot d'assassinat en tentant de le lier à la destruction par les forces aériennes cubaines de deux avions qui avaient pénétré dans l'espace aérien cubain le 24 février 1996. Quatre pilotes sont morts. Les vols avaient été organisés à partir des États-Unis par les Frères à la rescousse, une organisation contre-révolutionnaire basée à Miami, qui avait violé l'espace aérien cubain de manière répétée en dépit des protestations formelles de La Havane auprès de Washington et de ses avertissements au sujet des conséquences.

Gerardo Hernández, un des Cinq Cubains emprisonnés, en 2008.

Dans sa demande d'habeas corpus du 12 octobre 2010, Gerardo Hernández soutient que sa condamnation et sa sentence doivent être annulées entre autres raisons parce qu'il n'a pas bénéficié d'une défense appropriée lors de son procès.

Dans leur réponse datée du 25 avril 2011, les avocats de Washington se sont opposés à la motion d'habeas corpus de Gerardo Hernández et à sa demande d'une audition de preuves, au cours de laquelle il pourrait présenter de nouvelles informations. Ils ont fait valoir que, pour son procès, le tribunal avait « désigné un criminaliste expérimenté, Paul McKenna, qui a défendu [Gerardo Hernández] avec beaucoup d'énergie, de loyauté, de diligence et de compétence professionnelle, dépassant largement le seuil minimal de l'aide efficace exigé d'un avocat. »

Dans une déclaration faite sous serment en soutien à la motion d'habeas corpus de Gerardo Hernández le 15 août 2011, Paul McKenna a expliqué cependant qu'il ne partageait pas cette opinion. « Le procès de Gerardo Hernández a été plus compliqué que toutes les autres affaires que j'avais instruites auparavant, a écrit Paul McKenna. Il associait des faits peu communs, des questions de loi originales et un procès très en vue. »

Paul McKenna a expliqué pourquoi la condamnation et la sentence de Gerardo Hernández devaient être annulées. Il n'a jamais envisagé, ni même discuté avec son client « la possibilité de déposer une motion au nom de Gerardo Hernández pour séparer [l'accusation de complot en vue d'assassinat] des autres allégations qui pesaient contre lui. »

Un procès séparé, a expliqué Gerardo Hernández dans sa déposition sous serment du 16 mars 2011, lui aurait permis de témoigner en sa propre faveur sans être contraint de témoigner sur les autres chefs d'accusation qui pesaient contre lui et ses coaccusés. Gerardo Hernández aurait également pu faire appel à un ou plusieurs de ses coaccusés pour témoigner au cours d'un procès séparé sans pour autant renoncer à la protection du cinquième amendement à la constitution contre l'auto incrimination.

« Si je l'avais su, j'aurais insisté pour que mon avocat ne ménage aucun effort pour obtenir un procès séparé sur ce chef d'accusation, » a souligné Gerardo Hernández dans sa déclaration sous serment. Il a poursuivi en décrivant en détail comment il aurait témoigné pour réfuter les preuves que le procureur a employées contre lui.

Paul McKenna affirme dans sa déclaration sous serment qu'il croyait au moment du procès « que si je pouvais montrer que la destruction des avions avait eu lieu dans l'espace aérien cubain, mon client aurait eu une défense qui pouvait réussir » contre l'accusation de complot pour commettre un assassinat parce qu'il s'agissait d'« un acte légitime du gouvernement cubain. »

« Je crois maintenant que ma décision de poursuivre ce raisonnement, en réalité impossible à prouver et dont la pertinence était douteuse d'un point de vue juridique, a entraîné la condamnation

Réunion à Miami pour défendre les Cinq Cubains

PHOTOS DE DEAN HAZLEWOOD/MILITANT

Miami, 18 septembre 2011 — Quatre-vingt personnes participent à une réunion de solidarité avec les Cinq Cubains organisée par l'Alianza Martiana, une coalition d'organisations américaines cubaines qui s'opposent à la politique U.S. vis-à-vis de Cuba. La décision de la juge Joan Lenard de forcer René González à demeurer aux États-Unis après sa sortie de prison le 7 octobre signifie qu'il s'agit d'« un nouveau moment d'engagement » pour tous les partisans de la lutte, a déclaré Andrés Gómez, en médaillon, président de la Brigade Antonio Maceo. Max Lesnik, président de l'Alianza Martiana et Elena Freyre de la Fondation pour la normalisation des relations U.S./Cuba ont aussi pris la parole. Les partisans des Cinq Cubains ont décrété une période d'activité intense à l'échelle internationale du 12 septembre au 13 octobre pour attirer l'attention sur leur cas.

—NAOMI CRAINE

de mon client parce que notre présentation a sapé notre crédibilité et poussé le jury à concentrer son attention sur les actions du gouvernement de Cuba, » a écrit Paul McKenna.

En fait, comme l'a expliqué l'avocat actuel de Gerardo Hernández, Richard Klugh, lors d'une conférence de presse le 12 septembre 2011, Paul McKenna n'a jamais poursuivi la ligne de défense qui aurait pu mener à un acquittement : simplement que « Gerardo n'a jamais été impliqué » dans la destruction des avions.

Enfin, Paul McKenna a écrit dans sa déclaration qu'au cours du procès, il a agi avec la conviction que « la cour allait émettre un avis obligeant le gouvernement à prouver que mon client avait l'intention que les avions soient abattues dans les eaux internationales, ce qui était « improuvable », comme l'a reconnu le gouvernement. Mais Paul McKenna a écrit dans sa déclaration qu'au cours du procès, il ne s'est pas aperçu que le juge n'a pas donné d'instruction dans ce sens mais qu'il s'est contenté de donner au jury des instructions concernant les accusations d'assassinat et de complot.

« Mes erreurs pendant, avant et après le procès ont permis au gouvernement de faire condamner mon client malgré le fait que le gouvernement n'avait eu aucune preuve directe d'intention criminelle de sa part. »

Lors de la conférence de presse du 12 septembre, Richard Klugh a déclaré que « la reconnaissance très sincère » par Paul McKenna du fait que Gerardo Hernández n'a pas reçu la défense compétente à laquelle il avait droit fournit un argument fort pour casser sa condamnation et sa peine à perpétuité.

Mary-Alice Waters a contribué à cet article.

LE 3 OCTOBRE 2011

DES JOURNALISTES PAYÉS PAR LE GOUVERNEMENT ONT ATTISÉ LES PRÉJUGÉS DANS LE PROCÈS DES CINQ CUBAINS

Michel Poitras

L'un des terrains actuels de la lutte juridique des Cinq Cubains pour faire annuler leurs condamnations à la suite d'un coup monté, c'est le fait que certains des journalistes qui ont écrit des articles faux et incendiaires lors du procès à Miami étaient à l'époque directement payés par le gouvernement des États-Unis.

Quatre des cinq révolutionnaires cubains ont déposé des motions d'habeas corpus basées sur le fait, inconnu d'eux-mêmes et de leurs avocats lors du procès, que le gouvernement a payé des milliers de dollars à des journalistes à Miami qui ont produit des articles préjudiciables bourrés de faits inventés qui ont privé les Cubains de leur droit à un traitement équitable et à un procès impartial.

En septembre 2006, le *Miami Herald* a publié un article en première page intitulé « 10 journalistes de Miami payés par les États-Unis, » qui rapportait pour la première fois que des journalistes bien connus de la région de Miami qui ont couvert l'affaire, y compris dans les pages du *Miami Herald* et de son édition espagnole *El Nuevo Herald*, ont été rémunérés par l'office de diffusion vers Cuba de la commission de diffusion des gouverneurs, une agence gouvernementale chargée de toutes les émissions internationales non militaires du gouvernement des États-Unis.

L'office de diffusion vers Cuba dirige Radio et TV Martí : deux stations gouvernementales financées à hauteur de 30 millions de dollars par an qui transmettent de la propagande contre-révolutionnaire à Cuba et dans le sud de la Floride.

Dans sa réponse du 16 août 2011 à la réaction du gouvernement à sa propre motion d'habeas corpus, Antonio Guerrero a indiqué que le journaliste Ariel Remos a reçu au moins 11 750 $ au cours du procès. Avant et pendant son déroulement, il a publié au moins quinze articles dans *Diario las Américas*, un quotidien de langue espagnole avec un tirage de plus de 45 000 exemplaires dans le sud de la Floride. Dans un article concocté depuis le tribunal, intitulé « Castro pose un défi permanent à la sécurité des États-Unis, » Ariel Remos a prétendu à tort que « des services de renseignement cubains avaient ordonné à l'un de leurs agents de trouver un endroit dans le sud de la Floride pour y décharger des explosifs et des armes [qui] pourraient être des armes chimiques ou bactériologiques. »

Selon des informations obtenues du gouvernement par le Comité national pour la liberté des Cinq Cubains en vertu de la loi sur la liberté d'information, Julio Estorino a travaillé pour Radio Martí de 1998 à 2001. Mais on n'a pas révélé combien il a reçu pour ses services pendant le procès.

Dans le numéro du 5 janvier 2001 du *Diario las Américas*, plus d'un mois après le début du procès, Julio Estorino a écrit : « Au cas où la folie démontrée par la destruction en vol des avions des Frères à la rescousse au-dessus des eaux internationales, froidement et cruellement calculée, ne suffisait pas, il apparaît maintenant que les services secrets de Castro cherchent des points pour infiltrer des armes et des explosifs sur les côtes de ce pays, une tâche qui a été confiée à certains de ceux qui sont impliqués dans le réseau d'espionnage. »

A la fin mars 2011, les avocats d'Antonio Guerrero ont déposé une motion d'habeas corpus qui demande un nouveau procès en s'appuyant sur les paiements du gouvernement aux journalistes. Le gouvernement a demandé au tribunal de rejeter cette motion parce qu'elle ne cite qu'un petit nombre d'articles et qu'elle n'est pas « basée sur des faits, » puisqu'elle ne montre pas comment ces articles ont pu alimenter des préjugés parmi les jurés alors que la cour « avait pris des mesures pour les protéger d'influences extérieures. »

La portée de la campagne de propagande de Washington est inconnue parce que, comme l'indiquent les déclarations sous serment des accusés, les représentants du gouvernement U.S. ont refusé d'accéder à leurs demandes faites en vertu du droit à l'accès à l'information et de leur donner les noms de tous les journalistes rémunérés par le gouvernement ainsi que les montants qui leur ont été versés.

Le peu d'information soutirée au gouvernement montre que cinq journalistes ont reçu plus de 80 000 $ au cours du procès de sept mois et qu'un total de quelque 370 000 $ a été versé à sept journalistes à des moments divers à partir de 1999.

Violation des droits constitutionnels

L'arrestation et le procès des Cinq Cubains ont été marqués par des violations des droits garantis par les dix premiers amendements à la constitution des États-Unis, ce qui devient de plus en plus courant. Parmi ces violations figurent les cambriolages de leurs domiciles par le FBI, l'utilisation de « preuves » secrètes par le procureur et la suppression de preuves pour leur défense, ainsi que l'utilisation de l'isolement carcéral extrême avant le procès pour tenter de les briser et d'entraver la préparation de leur défense.

Le tribunal de première instance a refusé sept motions des avocats des Cinq demandant le transfert du procès en dehors du comté de Miami-Dade où ils devaient faire face à une atmosphère particulièrement préjudiciable à leur égard. Washington s'est opposé avec véhémence à toutes les tentatives de changer le lieu du procès.

En fait, depuis le jour même des arrestations, les porte-parole du gouvernement U.S. ont encouragé l'hostilité du public en publiant des déclarations affirmant que les Cinq constituaient un « réseau d'espionnage cubain » qui « menace la sécurité nationale. » Bien que beaucoup plus faibles que par le passé, les groupes de Cubains américains de droite, connus pour leurs actions violentes contre des personnes soupçonnées d'avoir seulement de la sympathie pour la révolution cubaine, ont organisé des manifestations à Miami au cours du procès, y compris sur les marches du palais de justice lors de la première journée de sélection du jury.

Des jurés potentiels se sont dit préoccupés par ce qui pourrait leur arriver s'ils acquittaient les révolutionnaires cubains. Pendant le procès, des jurés se sont plaints de se sentir harcelés par les chaînes de télévision de droite, qui les filmaient à leur arrivée au palais de justice et qui, à leur sortie, les suivaient jusqu'à leurs voitures, filmant même leurs plaques d'immatriculation.

« Au moment où le gouvernement soutenait que le procès devait se poursuivre à Miami, » a déclaré Richard Klugh, un avocat de Gerardo Hernández, lors d'une conférence de presse le 22 mars 2011, il « inondait d'argent les médias locaux pour financer des messages anti-Cuba, anti-Castro et anti-Cinq Cubains. C'était une violation fondamentale du droit à un procès équitable. »

TERRY COGGAN/MILITANT

Des manifestants devant le consulat U.S. à Auckland en Nouvelle-Zélande demandent la libération des Cinq Cubains, le 12 juin 2008.

En 2005, une commission de trois juges de la cour fédérale d'appel du onzième circuit à Atlanta a cassé les condamnations des cinq révolutionnaires car « la « tempête parfaite » créée par la publicité entourant cette affaire avant le procès » avait empêché un procès équitable. Elle a ordonné un nouveau procès. Le gouvernement a fait appel de cette décision qui a ensuite été renversée un an plus tard par les douze juges du même tribunal, avec un juge exprimant un fort désaccord.

Dans cette décision de 2006, les juges ont affirmé que « rien dans le déroulement du procès n'indique que la juge de première instance ne pouvait réunir douze jurés justes et impartiaux pour juger les accusés de manière impartiale et équitable. »

Les motions d'habeas corpus sont sur le bureau de la juge Joan Lenard, la même qui a présidé le procès en 2001. Sur la base de la décision de 2006, les procureurs du gouvernement ont pris soin de réaffirmer dans leur réponse à la motion d'habeas de Gerardo Hernández que la question du lieu du procès avait déjà été réglée et qu'il n'y avait rien de nouveau valant la peine d'être pris en considération. Ils ont encouragé la juge à rejeter les motions d'habeas corpus et à refuser les requêtes pour organiser des séances d'examen de preuves.

Fernando González a aussi déposé une motion d'habeas corpus le 11 septembre. Quand toutes les motions, attestations et réponses auront été enregistrées, la juge pourra décider à quel moment rendre sa décision. [Les procureurs du gouvernement ont répondu aux motions de Fernando González et de Ramón Labañino le 6 décembre 2011. Ils ont affirmé que les réclamations « n'ont pas de valeur et ne parviennent pas à montrer que [les deux Cubains] ont subi un quelconque préjudice. »]

Mary-Alice Waters a contribué à cet article.

LE 10 OCTOBRE 2011

LE GOUVERNEMENT U.S. REND PUBLIQUE UNE VISITE D'OLGA SALANUEVA À RENÉ GONZÁLEZ EN 2010

Louis Martin et Doug Nelson

Des documents judiciaires rendus publics récemment au sujet des demandes du révolutionnaire cubain René González de retourner dans son pays, maintenant qu'il a purgé sa peine de prison aux États-Unis, illustrent clairement un fait : Washington reste déterminé à faire payer le prix le plus élevé possible aux hommes et aux femmes de Cuba qui ont fait une révolution socialiste à moins de 150 kilomètres des côtes U.S.

Après plus de treize années passées en prison, René González a été libéré le 7 octobre 2011. Depuis, il est contraint de demeurer trois ans en « liberté surveillée » aux États-Unis sous la surveillance du bureau fédéral de probation.

En février 2011, les avocats de René González ont déposé une première demande pour qu'il puisse rentrer à Cuba après sa libération et y purger sa période de libération conditionnelle. La juge du district U.S. Joan Lenard, qui était aussi la juge au procès initial, a trouvé cette requête « prématurée » et l'a rejetée en septembre 2011.

Le 22 juin 2012, l'avocat de René González, Philip Horowitz, a déposé une nouvelle motion en faveur de son retour à Cuba. Le 16 juillet, les avocats du gouvernement ont demandé à nouveau de rejeter cette demande. Le 30 juillet, Philip Horowitz a déposé sa réponse à leurs arguments.

Contraindre René González à demeurer aux États-Unis le maintient éloigné de sa famille, a fait remarquer l'avocat de la défense Philip Horowitz. Ça l'expose également au danger de représailles par des forces hostiles à la révolution cubaine. L'avocat a cité en preuve la récente menace de mort contre René González lors d'une émission de radio de Miami.

René González est tenu d'informer chaque nouvelle connaissance de son statut juridique. Cela revient à révéler son identité, a expliqué Philip Horowitz. Ça lui impose un isolement extraordinaire car il « ne peut se lier d'amitié avec ses voisins immédiats ni même nouer la moindre forme de relation cordiale. »

René González n'a pu obtenir un permis de conduire parce que l'État de la Floride exige qu'il divulgue son adresse. Même son « accès aux soins médicaux était nettement et de manière inattendue bien meilleur en prison que maintenant. »

Depuis le début, les séparer de leurs familles a fait partie de la politique de Washington pour empirer au maximum les conditions punitives imposées aux Cinq Cubains.

Dans le cas de René González, son épouse Olga Salanueva, leurs deux filles et ses parents vivent tous à Cuba. En novembre 2000, à la veille du procès, le gouvernement américain a expulsé Olga Salanueva pour faire pression sur René González. Par la suite, les autorités U.S. ont déclaré qu'elle était « définitivement inéligible » pour entrer aux États-Unis et lui ont refusé toute demande de visa.

Des documents judiciaires récents révèlent pour la première fois que les autorités U.S. ont permis à Olga Salanueva de rendre visite à René González en prison à une occasion, en novembre 2010, selon les termes d'un « arrangement » spécial. La visite a été « plus traumatisante que normale, » a dit l'avocat de la défense Richard Klugh au *Militant.*

La déclaration déposée par Philip Horowitz indique que la visite a eu lieu « dans les pires conditions. » Bien qu'Olga Salanueva « ait été autorisée à voyager avec ses enfants, ils ont été séparés d'elle lors de sa visite. » Elle « a été confinée dans un hôtel sous escorte armée et n'a pu voir son mari que rapidement avant d'être renvoyée à Cuba. »

La réponse faite au nom de René González a clarifié que la visite faisait partie d'un « arrangement diplomatique confidentiel » entre les

René González et Olga Salanueva avec leurs filles Irma, à gauche, et Ivette, à droite, lors de sa brève visite à La Havane en avril 2012.

gouvernements U.S. et cubain « en échange d'une visite de la famille d'un prisonnier américain détenu à Cuba. » Les avocats du gouvernement U.S. ont rompu l'entente pour « garder le secret sur cette affaire » en remettant des documents judiciaires en mars 2011 dans le but de s'opposer à la demande de René González de retourner à Cuba après sa libération. Ils ont mentionné cette visite comme preuve que René González pouvait voir sa femme. L'affidavit des avocats de l'accusation de mars 2011 n'avait pas été rendu public à l'époque.

« Le fait qu'une visite à la prison ait été accordée ne doit pas être utilisé pour obstruer son droit de retrouver sa famille après sa libération, » a expliqué l'avocat de la défense Richard Klugh au *Militant*. Il s'agit d'une « violation » sans précédent « des droits de la personne élémentaires. »

Selon Richard Klugh, les avocats du gouvernement eux-mêmes ont démontré le caractère punitif de la libération conditionnelle de René González lorsqu'ils « se sont même opposés à la demande de l'accusé de rendre visite à son frère mourant à La Havane. » Le tribunal fédéral a accédé à sa demande contre leur objection. En avril, René González a eu l'autorisation de séjourner deux semaines à Cuba pour voir son frère Roberto, décédé d'un cancer deux mois plus tard.

Le « prisonnier américain » détenu à Cuba évoqué dans les documents du tribunal est Alan Gross, un sous-traitant de l'Agence du département d'État pour le développement international. Il a été arrêté à Cuba en 2009, lors de son cinquième séjour dans l'île en un an dans le but d'installer des équipements spécialisés de communications par satellite pour quelques individus. Il purge actuellement une peine de 15 ans pour « actes contre l'indépendance ou l'intégrité territoriale de l'État. » Son épouse, Judy Gross, a été autorisée à lui rendre visite en août 2010. Le couple a bénéficié d'une maison à lui seul sur la plage de Tarará.

Les avocats du gouvernement soutiennent que la requête de René González de purger le reste de sa libération conditionnelle à Cuba est en fait une demande d'y « mettre fin. » Une telle requête ne peut être considérée avant d'avoir purgé au moins « un an. » Ils insistent en outre sur le fait que le respect total des conditions de sa liberté conditionnelle ne représente pas le « comportement exceptionnel » auquel les tribunaux s'attendent.

Parce que René González est un citoyen U.S. et qu'il possède la double nationalité, il doit purger sa liberté conditionnelle aux États-Unis, affirment les avocats du gouvernement. Ils rejettent l'offre de René González de renoncer à sa citoyenneté U.S. s'il est autorisé à retourner à Cuba, estimant qu'elle est « impossible à faire respecter. » Il n'a pas voulu y renoncer avant de retourner à Cuba puisqu'il aurait été réincarcéré et détenu pendant une période indéfinie pendant la procédure d'expulsion.

René González « a refusé résolument et clairement de se repentir pendant et après son procès. » Tel est l'un des principaux arguments du gouvernement. Dans son mémo, le gouvernement a cité à deux reprises ce qu'il appelle la « déclaration au vitriol de [René González], quand sa peine a été prononcée, et son obstination à vouloir continuer à améliorer le monde comme il l'entend. »

« Je ne peux que me sentir fier d'être ici et ne peux que remercier les procureurs de m'avoir donné cette occasion de confirmer que je suis sur la bonne voie et qu'il reste encore beaucoup à faire pour améliorer le monde, » a déclaré René González lorsque sa peine a été prononcée en 2001. « Je voudrais croire que vous allez comprendre pourquoi je n'ai aucune raison d'avoir des remords. »

La juge Joan Lenard, qui a imposé la peine initiale, se prononcera sur la demande de René González de retourner à Cuba.

LE 27 AOÛT 2012

« MES ANNÉES AUX ÉTATS-UNIS M'ONT FAIT MIEUX CONNAÎTRE LE CAPITALISME »

Olga Salanueva

Dans l'entretien qui suit, Olga Salanueva, l'épouse de René González, raconte quelques-unes de ses expériences comme travailleuse immigrée aux États-Unis, où elle a vécu et travaillé pendant quatre ans avant d'être expulsée vers son Cuba natal. Des millions de travailleurs aux États-Unis, immigrés ou non, se reconnaîtront dans son histoire.

En décembre 1990, René González, pilote expérimenté et instructeur de vol, a piloté un avion d'épandage « volé », de Cuba vers Key West en Floride où il a été accueilli en « transfuge cubain » par les autorités U.S. et par d'autres adversaires de la révolution. Il a rejoint l'opération contre-révolutionnaire Frères à la Rescousse lorsqu'elle s'est formée l'année suivante. René González recueillait des renseignements sur les actions que planifiait ce groupe contre Cuba, notamment de nouveaux vols de plus en plus provocateurs dans l'espace aérien cubain et des lâchers de tracts au-dessus de La Havane.

En septembre 1998, des agents du FBI ont arrêté René González et ses quatre camarades révolutionnaires. Accusé de ne pas s'être enregistré comme agent d'un gouvernement étranger et accusé de complot pour avoir agi comme agent étranger non enregistré, il a été condamné à 15 ans de prison, suivis de trois ans de « liberté surveillée. »

En août 2000, alors que le procès des Cinq Cubains était sur le point de débuter, des policiers fédéraux ont arrêté Olga Salanueva, la menaçant de révoquer son statut de résidente permanente et de l'expulser. Il s'agissait d'une tentative évidente de contraindre René González de témoigner contre ses quatre camarades. Incapables de le briser, les autorités U.S. ont mis leur menace à exécution et ont expulsé Olga Salanueva.

Depuis son expulsion, Washington a refusé toutes ses demandes de visa pour rendre visite à son mari, l'accusant tour à tour d'être une menace à la « sécurité nationale » U.S., une agente des renseignements cubains voire même un individu lié au « terrorisme ». En 2008, les autorités U.S. ont déclaré qu'elle n'aurait plus droit à un visa, et ce « définitivement. » Olga Salanueva habite à La Havane avec leurs deux filles, Irmita, 28 ans, et Ivette, 15 ans.

En avril 2012, la juge fédérale de Miami, Joan Lenard, a permis à René González de retourner à Cuba pendant deux semaines pour rendre visite à son frère Roberto en phase terminale d'un cancer dont il est mort deux mois plus tard.

Tout comme les épouses, mères, soeurs, enfants et les autres parents des cinq révolutionnaires emprisonnés, Olga Salanueva

SINAY CÉSPEDES MORENO/PRENSA LATINA

Olga Salanueva (à droite) et Magali Llort, mère de Fernando González, prennent la parole à Caracas au Venezuela en septembre 2011.

René González à la prison de Marianna en Floride en 2008 lors de la visite de ses filles Ivette (à gauche) et Irmita.

participe inlassablement à la lutte internationale pour libérer ces hommes, en prenant la parole lors de réunions à Cuba et à travers le monde.

Mary-Alice Waters, Róger Calero et Martín Koppel ont conduit cet entretien à La Havane le 12 février 2012. La traduction est du *Militant*.

MARY-ALICE WATERS : Olga, raconte-nous d'abord quand tu es arrivée pour la première fois aux États-Unis et dans quelles conditions ?

OLGA SALANUEVA : Je suis arrivée le 28 décembre 1996. René est citoyen U.S. parce qu'il est né là-bas. Il a pu ainsi nous parrainer moi et notre fille Irmita pour que nous puissions obtenir le statut de résidentes légales.

René était parti aux États-Unis en 1990. Après une longue séparation de six ans, nous étions heureux de voir notre famille réunie et de pouvoir poursuivre nos projets, y compris celui d'avoir un autre enfant. Mais parallèlement à ce bonheur, j'ai commencé une nouvelle étape difficile et inoubliable de ma vie.

Pour que je puisse entrer aux États-Unis, René, comme c'est le cas avec beaucoup d'immigrants, a dû signer un document, une déclaration sous serment, dans lequel il s'est engagé à prendre la responsabilité pour mes dépenses afin d'éviter que je ne devienne un « fardeau pour la société. »

C'est ironique, parce que si quelqu'un est parrainé par un citoyen U.S. et immigre aux États-Unis par la voie légale, il ne reçoit pas toute l'assistance que reçoivent les Cubains qui arrivent en bateau à moteur grâce à la loi dite d'ajustement cubain[2].

Si tu arrives sur un petit bateau sans documents, le gouvernement U.S. te fournit du travail, une couverture médicale pendant un an et de l'argent pour vivre. Seulement aux Cubains, bien sûr.

Je ne parlais pas l'anglais et j'ai dû me débrouiller toute seule pour trouver un emploi. Nous habitions à Kendall dans le sud-ouest de Miami. J'ai eu peu de succès au début. L'agence d'emploi me disait que je n'étais pas qualifiée. Que je ne connaissais pas la langue. Qu'ils n'avaient que des emplois pour hommes, comme des emplois dans le bâtiment.

Vendre des services funéraires à Miami

MARY-ALICE WATERS : Qu'est-ce que tu as étudié à Cuba ?

OLGA SALANUEVA : Je suis ingénieure industrielle et j'ai aussi étudié la comptabilité. Mais aux États-Unis ils ne reconnaissent pas votre diplôme. Tu dois obtenir un certificat d'équivalence mais pour cela tu dois d'abord apprendre l'anglais. Tu es quasiment obligée de tout recommencer. J'ai quand même suivi un cours de comptabilité et un cours d'informatique pour améliorer mes possibilités.

Mon premier emploi a été dans une maison de retraite pour m'occuper de personnes âgées. C'était une société privée bien sûr. J'ai duré trois jours. Lorsque René a vu les conditions là-dedans — les vêtements sales, les draps trempés d'urine et les très longues heures de travail que je faisais — il a dit : « Il faut te sortir de là. »

Ensuite j'ai vu une annonce pour un emploi de télémarketing dans une entreprise de pompes funèbres et ils m'ont engagée. Ils nous donnaient une liste de numéros de téléphone et on les appelait un par un pour vendre des services funéraires : des veillées funèbres, des crémations, des enterrements, des concessions de cimetière.

J'ai appris qu'aux États-Unis, dans ce qu'ils appellent une « démocratie », tu dois avoir de l'argent, ou t'en procurer par n'importe quel moyen, pour qu'à la fin de ta vie ta dépouille puisse avoir une

2. Selon la loi d'ajustement cubain de 1966, le gouvernement U.S. permet aux Cubains d'obtenir le statut de résident permanent un an après leur arrivée : une voie rapide pour obtenir la nationalité U.S. à laquelle n'ont accès les immigrants d'aucun autre pays.

dernière demeure sans que ce soit un fardeau supplémentaire pour ta famille.

Quand nous passions les coups de fil, nous devions convaincre les gens de prendre rendez-vous pour qu'un vendeur leur rende visite. Il fallait obtenir un certain nombre de rendez-vous sinon ils te licenciaient.

C'était un emploi à temps partiel. Nous n'avions aucun droit, pas d'assurance-maladie, pas de vacances, nous n'avions rien.

La plupart des travailleurs étaient des Latinos. Certaines des jeunes femmes qui travaillaient avec moi étaient parties de Cuba en radeau. Quelques-unes m'ont dit qu'elles avaient fait une erreur et qu'elles regrettaient d'avoir quitté Cuba.

MARTÍN KOPPEL : Tu as dit que tu n'avais pas d'assurance-maladie. En quoi ça t'a affectée ?

OLGA SALANUEVA : Après environ un an, je suis devenue enceinte d'Ivette. Comme nous n'avions pas d'assurance, au début il fallait payer comptant chaque visite chez le médecin.

Je me suis souvenue de ma première grossesse à Cuba, où la loi sur la maternité me donnait droit à un congé de maternité payé d'un an.

J'ai commencé à avoir des douleurs qui accompagnent souvent une grossesse : constipation et autres symptômes. Les médecins n'y prêtaient aucune attention. Ils m'ont dit que c'était normal, que je devrais boire des jus. Après sept mois et demi de grossesse, je me suis retrouvée avec des problèmes graves d'hémorroïdes dans lesquelles des caillots de sang s'étaient formés. C'était extrêmement douloureux.

René m'a accompagnée à l'hôpital Kendall. J'ai reçu le genre de traitement qu'une personne reçoit souvent aux États Unis quand elle va aux urgences et n'a pas d'assurance. Me voilà avec mon ventre gros comme ça et souffrant d'une douleur telle que je ne pouvais même pas m'asseoir.

Dès que nous avons passé la porte, ils ont appelé René : « S'il vous plaît, votre carte de crédit. » Ils ont pris 300 dollars et nous ont demandé de nous asseoir. Mais je ne pouvais pas m'asseoir. J'ai fait les cents pas en attendant à peu près deux heures et demi. Si la salle d'attente avait été remplie, j'aurais compris. Mais il n'y avait personne. Puis ils m'ont envoyée à la gastroentérologie. Encore une fois c'était : « Montrez-nous votre carte de sécurité sociale. Quels sont vos revenus ? Quelles sont vos dépenses ? » Moi avec mes douleurs et eux en train d'imprimer les factures.

Finalement ils m'ont dit qu'un médecin allait me voir mais ce n'était pas un médecin, c'était un infirmier. Il m'a donné une pommade et des tranquillisants. Je suis rentrée chez moi, furieuse, désespérée.

Puis René s'est souvenu qu'il avait donné des leçons de pilotage à un proctologue qui possédait une clinique. Ils étaient devenus amis. Quand René l'a appelé, le médecin a dit que ce qu'ils m'avaient fait était criminel. Il fallait tout de suite m'opérer pour enlever les caillots. Quand René lui a expliqué que nous n'avions pas d'assurance il a dit : « Amenez-la ici. »

La clinique était déjà fermée mais il a dit : « Je vais essayer de faire quelque chose. » Alors que j'étais étendue sur un brancard, il m'a opérée.

Je n'oublierai jamais cette expérience. Les gens disent qu'il y a de bons hôpitaux aux États-Unis et c'est vrai. Ils ont une technologie extraordinaire. Mais si tu n'as pas d'argent tu ne peux pas y accéder.

Le personnel médical essaie de t'aider. Mais la plupart des hôpitaux sont des entreprises. Ils sont censés générer des profits et les travailleurs de la santé sont des employés. S'ils ne suivent pas les règles, ils se font licencier. C'est le système tout entier qui est le problème.

Quand Ivette est née

La même chose s'est produite lorsqu'Ivette est née en mai 1998. René était absent car à l'époque il suivait un cours au Texas. Je venais de le déposer à l'aéroport quand les contractions ont commencé.

Je suis allée à l'hôpital accompagnée d'une amie du travail. Le calvaire s'est reproduit une fois de plus : « Asseyez-vous. Donnez-moi toutes les informations à votre sujet. » Après un certain temps, ils m'ont examinée et m'ont dit : « Vous n'êtes pas encore prête à accoucher. Rentrez chez vous. » Je suis donc retournée à la maison où je me suis retrouvée seule avec Irmita qui avait 14 ans. Je me souviens d'avoir passé toute la nuit avec des douleurs.

Le lendemain matin, je suis retournée à l'hôpital avec mon amie. J'ai accouché vers 22 h 30. J'ai été pratiquement seule pendant tout ce temps. Ils m'ont branché tout un tas d'appareils pour mesurer différentes choses. Le médecin s'occupait de trois accouchements en même temps. Une infirmière

LOCAL 1991, SEIU

Le 20 avril 2011, des travailleuses de l'hôpital Jackson Memorial à Miami manifestent contre des licenciements et les coupures budgétaires qui auront selon elles une incidence sur les soins aux patients. Les hôpitaux U.S. « possèdent une technologie extraordinaire. Mais si tu n'as pas d'argent, tu ne peux y accéder, » a dit Olga Salanueva à partir de son expérience aux États-Unis.

venait me voir une fois par heure, m'examinait sans dire un mot puis s'en allait. Ce sont mes collègues de travail qui sont restées avec moi, de jeunes immigrantes de la République dominicaine et de Cuba. Elles m'ont pratiquement accouchée.

J'avais 38 ans. Je faisais de l'hypertension. J'avais des contractions depuis plus de vingt-quatre heures. Lorsqu'Ivette est finalement née, le cordon ombilical était enroulé deux fois autour de son cou. Tout indiquait que dans mon cas, une césarienne d'urgence s'imposait. Mais ils m'ont laissée là jusqu'à ce que j'accouche. C'est un miracle que nous nous en soyons sorties.

Ivette a été placée aux soins intensifs dès qu'elle est née parce qu'elle manquait d'oxygène. On m'a installée dans l'unité postnatale, seule. Ils m'ont donné une bassine pour faire mes besoins. Ils m'ont posé une intraveineuse sur un bras et un appareil pour la tension artérielle sur l'autre. Je suis restée comme ça pendant des heures, incapable de bouger. Finalement, une infirmière est venue et m'a aidée à me lever pour aller aux toilettes et me laver.

Tout cela s'est passé à l'hôpital Jackson Memorial. C'est l'unique hôpital public dans le comté de Miami-Dade mais il possède beaucoup de ressources et il est très bien équipé. J'ai pensé : Ouah, si nous étions à Cuba et avions tout cet équipement, qu'est ce qu'on pourrait en faire, avec nos médecins et la formation qu'ils ont ! Et la façon dont les médecins, les infirmiers et les autres travailleurs de la santé sont formés pour prendre soin de toi en tant qu'être humain. Voilà pourquoi le gouvernement U.S. ne veut pas que Cuba avance, voilà pourquoi ils nous imposent le blocus.

Le contraste avec Cuba

Je me suis sentie beaucoup mieux ici à Cuba, quand j'ai accouché d'Irmita à l'hôpital de maternité Ramón González Coro, à La Havane. Il s'agit d'un petit hôpital, avec le matériel qui correspond à nos moyens mais avec des normes professionnelles et des attitudes éthiques incroyables. Je me souviens d'avoir accouché entourée de tellement d'amour avec tout le monde qui m'aidait.

RÓGER CALERO : Que s'est-il passé après la naissance d'Ivette ?

OLGA SALANUEVA : Comme elle est née aux États-Unis, Ivette avait droit à l'assurance Medicaid et je l'ai emmenée à la clinique tous les mois. Quand elle avait un peu plus de trois mois, les médecins nous ont dit qu'elle avait un souffle au coeur, ce qui pouvait être grave et qu'il faudrait suivre cela de près. Chaque fois que je l'emmenais pour un bilan de santé, ils me disaient qu'elle avait besoin d'une échocardiographie. Finalement, quelques mois plus tard, ils m'ont dit qu'Ivette avait besoin d'une opération au coeur ; qu'ils allaient me donner le nom d'un spécialiste.

J'étais stupéfaite. Quelle situation ! Entretemps, René avait été arrêté. J'avais perdu la maison parce que je ne pouvais pas rembourser l'hypothèque et je vivais dans un petit appartement. Je n'avais pas un sou. Les médecins m'ont dit de ne pas me faire de soucis, que l'opération serait couverte par l'assurance Medicaid.

Teté, la grand-mère de René, avait commencé à s'occuper d'Ivette après l'arrestation de René. Elle était citoyenne U.S. et habitait Sarasota en Floride, à quatre heures au nord-ouest de Miami. Teté m'a dit : « Écoute, il y a un très bon hôpital pour enfants ici et je vais y emmener Ivette pour la faire examiner par un médecin. »

Ce cardiologue s'est avéré être une personne très bien. Il a adoré Ivette et ils lui ont fait toutes sortes de tests. Puis un jour Teté m'a appelée en me disant qu'elle avait des nouvelles à me donner. Elle venait de parler au médecin.

Il lui a dit : « Je vais commencer par la mauvaise nouvelle : je ne pourrai plus revoir cette jolie petite fille. La bonne nouvelle, c'est qu'elle va bien. Elle n'a aucun problème de coeur. »

Les autres médecins avaient menti. Il s'agissait d'une fraude. Ce qu'ils voulaient c'était empocher l'argent de Medicaid.

Je me suis posée la question mille fois : Est-ce possible ? Comme j'ai grandi à Cuba, si différent de la société capitaliste, je ne pouvais pas concevoir une telle méchanceté.

Après mon expulsion et une fois qu'on m'a rendu Ivette, la première chose que j'ai faite a été de l'emmener voir un cardiologue parce que il y avait toujours des doutes dans mon esprit. Les médecins à La Havane ont confirmé qu'elle n'avait rien.

Cuba est un pays aux ressources limitées qui fait face à un blocus économique de Washington. Nous pouvons subir une pénurie d'un médicament particulier. Les médecins peuvent être obligés de le remplacer par un autre. Parfois un patient reste gravement malade jusqu'à ce que le médicament arrive.

Mais le problème n'est jamais un manque d'attention médicale ou l'indifférence de la part du gouvernement. Tout ce qui est possible est mis en oeuvre pour assurer le bien-être des gens.

Mary-Alice Waters : Tu nous as décrit ton travail de télémarketing. Et tes autres emplois, comment étaient-ils ?

Olga Salanueva : Au moment où René a été arrêté en septembre 1998, je ne vendais plus de concessions de cimetières ou de services de crémation. Lorsqu'Ivette était née quatre mois auparavant, j'avais dû manquer un mois de travail et ils m'avaient licenciée. Il n'y avait pas de congé de maternité dans cette entreprise.

J'ai d'abord obtenu un autre emploi de télémarketing dans la vente de crédits immobiliers, puis un emploi de télémarketing dans la vente de programmes d'apprentissage de l'anglais aux immigrants hispanophones.

Je travaillais de midi jusqu'après 23 heures, du lundi au vendredi. Nous recevions un salaire de base plus une commission sur les ventes.

Mary-Alice Waters : Tu travaillais aussi chez toi ?

Olga Salanueva : Je travaillais au bureau pendant la semaine. Le samedi il m'arrivait d'apporter du travail à la maison pour faire des appels.

L'entreprise mettait des encarts publicitaires pour le programme d'apprentissage de l'anglais dans les journaux gratuits de langue espagnole. Si tu renvoyais le coupon-réponse, ils t'envoyaient un « dictionnaire » gratuit. Nous téléphonions aux personnes qui retournaient les coupons et leur expliquions qu'elles n'allaient pas apprendre l'anglais simplement avec un dictionnaire. Qu'elles avaient besoin d'un programme avec des enseignants et des livres. Qu'elles avaient eu beaucoup de chance d'être entrées en contact avec ce programme de langue anglaise, bla, bla, bla. Et puis nous essayions de le leur vendre.

Le dictionnaire était très petit, juste une brochure. Quand je l'ai envoyé à René en prison, il m'a dit : « C'est la première fois de ma vie que je vois un dictionnaire dont je connais tous les mots. Il ne sert à rien du tout. C'est pour ça qu'il est gratuit. »

Apprendre sur la vie des travailleurs

Dans l'entreprise on te donnait des techniques de vente, on t'apprenait comment manipuler les clients potentiels jusqu'à ce qu'ils tombent dans le panneau. Ils te disaient quels mots et quel ton de voix employer ou ne pas employer.

Nous recevions une commission une fois que le client avait fait le premier versement. Mais si ensuite le client ne payait plus ses mensualités, ils reprenaient ta commission. Tu devais lui téléphoner et le convaincre de payer sinon tu perdais ta commission.

Il fallait qu'on demande aux gens leur nom, leur adresse, d'où ils venaient. On nous disait qu'en connaissant le pays d'origine d'une personne, c'était possible de savoir si tu allais pouvoir faire une vente ou pas.

J'ai fini par apprendre beaucoup de choses sur la vie des gens. Par exemple, j'ai appris comment les immigrants d'Amérique centrale et du Mexique avaient traversé la frontière. Comment ils vivaient ensemble, entassés dans de petits appartements en ville. Quels étaient leurs rêves, leurs problèmes, pourquoi ils avaient immigré : c'était toujours pour aider leur famille, pour envoyer un peu d'argent à la maison.

Le programme complet comprenait des bandes magnétiques, des vidéos et un magnétophone. Les bandes magnétiques étaient les moins chères. Quand j'entendais les choses que les gens me racontaient sur leur situation, je disais : « Écoutez, n'achetez que les bandes magnétiques. Vous n'aurez pas vraiment le temps de regarder les vidéos. »

Je me disais : s'ils m'attrapent en train de dire ça, ils vont me virer ! Mais c'était criminel de convaincre des gens qui gagnent le salaire minimum d'acheter ce programme. Il ne valait rien : personne n'a jamais appris l'anglais avec ce programme.

Je détestais les emplois de télémarketing. C'est à cause de toute cette expérience qu'aujourd'hui encore, je n'aime pas les téléphones et je n'aime pas appeler les gens.

Beaucoup de ceux à qui on téléphonait étaient des travailleurs agricoles. Je n'oublierai jamais une des réponses. Parmi les questions que je devais poser il y avait : « Est-ce que vous travaillez ? Quelle est votre position ? »

Et cette femme a répondu : « Quelle est ma position ? *Agachada.* » Penchée. Elle cueillait des fraises, courbée toute la journée. Elle pensait que c'est ce que je lui demandais !

Parfois, nous demandions : « Êtes-vous allé à l'école ? » Je me souviens qu'habituellement les réponses étaient : « Non, mais j'ai étudié un peu. » « Mes frères n'ont jamais eu la chance mais moi, oui. » « J'ai fait trois ans d'école primaire. » Et ainsi de suite.

J'ai appris que des hommes d'affaires nord-américains vont au Mexique pour recruter des ouvriers agricoles avec des contrats de six mois. Ils sont mis dans un camp qu'ils ne peuvent pas quitter. Parfois, ils sont payés non pas en argent mais en jetons qu'ils doivent utiliser dans le magasin appartenant au patron. Je me souvenais avoir entendu des histoires semblables dans des raffineries de sucre à Cuba avant la révolution. Mais à notre époque !

J'ai demandé à l'un d'eux : « Comment avez-vous découvert le programme d'anglais ? »

Il m'a dit : « Un jour les patrons m'ont emmené au marché et je suis tombé sur une annonce dans un journal. J'ai besoin d'apprendre l'anglais. » Il m'a demandé : « Que pensez-vous que je dois faire ? »

Je n'ai pas pu m'empêcher de lui dire ce que je pensais vraiment. « Si vous voulez mon avis, quittez cet endroit. Évadez-vous. Il vaut mieux être sans-papiers que d'être un esclave. »

Certains travailleurs sans papiers avaient de faux papiers, bien sûr. Nous disions que nous voulions seulement leur vendre un programme de langue, qu'ils pouvaient nous donner le numéro de sécurité sociale qu'ils avaient et qu'ainsi ils pourraient ouvrir un compte en banque. C'était une

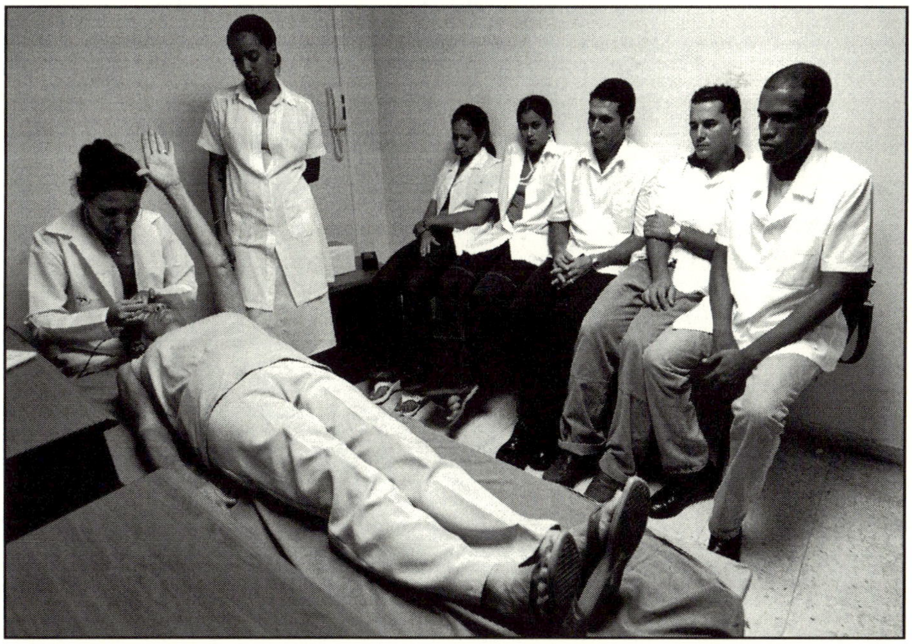

ENRIQUE DE LA OSA/REUTERS

Des étudiants en médecine observent un patient étranger se faire soigner les yeux à l'hôpital de La Havane en septembre 2006. Le programme cubain « Opération miracle » a rétabli la vue gratuitement à plus d'un million de Latino-Américains. Malgré des ressources limitées, les travailleurs de la santé à Cuba « sont formés pour vous traiter comme un être humain, » a dit Olga Salanueva.

des attrapes : acheter le programme les aiderait à établir une histoire de crédit.

Lorsque René et les autres ont été arrêtés, le gouvernement des États-Unis a monté en épingle le fait que certains d'entre eux avaient de faux papiers d'identité. Ils ont ajouté plusieurs années à leurs peines de prison parce ce qu'ils avaient de faux papiers[3].

Mais des millions de personnes aux États-Unis ont de faux papiers. En réalité, ils ont *besoin* de Latinos sans papiers pour travailler aux États-Unis. Ils font un travail physique dur, travaillent de longues heures pour des salaires très bas. Et quand ils n'en ont pas besoin d'autant, comme c'est le cas maintenant à cause de la situation économique, ils les expulsent sous n'importe quel prétexte.

Arrêtée par « la migra »

MARY-ALICE WATERS : Que s'est-il passé après l'arrestation de René ?

OLGA SALANUEVA : René a été emmené au centre de détention fédéral de Miami où ils l'ont mis au « trou » — une cellule disciplinaire — pendant dix-sept mois. Il en a passé quatre en isolement total.

Pendant des mois, on ne l'a pas autorisé à voir les deux filles. D'autres détenus au trou étaient amenés à la salle des visites lorsque leurs enfants venaient les voir. Mais pas René. Ils ont permis la première visite seulement au bout de neuf mois quand Ivette avaient déjà treize mois.

En février 2000, ils ont sorti René du trou et j'ai pu alors lui rendre visite une fois par semaine pendant une heure.

Tout cela a pris fin le 13 août de cette année-là. C'était l'anniversaire de René. Lors de cette visite, il m'a parlé d'une lettre que le procureur lui avait demandé de signer. S'il plaidait coupable et acceptait de témoigner pour l'accusation, il n'aurait pas de procès et obtiendrait une peine plus courte. La lettre lui a rappelé que j'avais un statut de résidente permanente et qu'ils pouvaient le révoquer. René a refusé de signer, bien sûr.

Trois jours plus tard, le 16 août, ils m'ont arrêtée. Ils l'ont fait pour lui mettre de la pression avant le procès.

Deux agents du Service d'immigration et de naturalisation et un agent du FBI sont venus à la maison. Ils ont confisqué ma carte verte et m'ont emmenée à la police de l'immigration où ils ont pris mes empreintes digitales et des photos. Puis ils m'ont mise dans une voiture pour m'emmener en prison.

RÓGER CALERO : Avais-tu des menottes ?

OLGA SALANUEVA : Oh oui. Une policière m'a escortée dans la voiture. Son travail consistait à jouer la flic gentille. Elle me disait qu'elle était au courant des moments difficiles que j'avais vécus depuis deux ans. « Une femme qui vit seule, qui vient d'avoir un bébé et qui a un enfant plus âgé. Ça a dû être difficile pour vous, non ? » Imaginez ! Bien sûr, ils savaient tout.

Ensuite, la policière m'a dit : « Vous savez, ces choses peuvent s'arranger, les accusations peuvent être réduites. Mais votre mari n'a pas voulu coopérer. »

Elle m'a demandé si je voulais voir René. Je savais qu'ils essayaient de me manipuler. Mais j'ai pensé que c'était ma chance. Je lui ai dit : « Oui, je veux le voir. »

D'abord, ils m'ont emmenée à la prison d'État de Fort Lauderdale, à 50 kilomètres au nord sur la côte. Là, ils m'ont revêtue d'un uniforme de prison crasseux et taché et m'ont enfermée dans une cellule. Quinze minutes plus tard, ils m'ont fait sortir de la cellule, m'ont mise dans une voiture et m'ont ramenée à Miami au centre de détention fédéral où se trouvait René. Ils voulaient seulement me montrer comment ce serait en prison.

Ils m'ont vêtue de cet uniforme de prison orange pour essayer d'ébranler René. Ils l'ont amené dans une pièce et nous ont fait nous asseoir face à face, avec tous les agents du FBI présents. Quand je l'ai vu j'ai été submergée par l'émotion parce que je sentais que ça allait être la dernière fois que je le verrais avant longtemps. Cela s'est avéré.

René m'a serrée dans ses bras et m'a dit : « L'orange te va bien. »

Quand je lui ai dit que j'avais été arrêtée par des agents de l'immigration il m'a dit : « Ça veut dire qu'ils vont probablement t'expulser pour mettre à exécution la menace contenue dans la

---

3. En plus des diverses accusations de « complot » et des autres accusations portées contre les cinq révolutionnaires cubains, les trois qui ne sont pas des citoyens U.S., Gerardo Hernández, Ramón Labañino et Fernando González, ont été accusés d'utiliser de fausses pièces d'identité. La condamnation sur ces chefs a ajouté cinq ans ou plus à leurs peines.

LUIS M. ÁLVAREZ/AP

Plantation de céleri à Clewiston en Floride, janvier 2007. Olga Salanueva a connu les conditions des immigrants et des autres travailleurs pendant son séjour de quatre années aux États-Unis. Elle a été expulsée en 2000 après que son mari René González a refusé de témoigner contre ses quatre camarades au cours d'un procès monté de toutes pièces.

toi et René, à communiquer entre vous pendant que vous étiez en prison ?

Olga Salanueva : Oui, c'était Marina. Elle était du Pérou et était très travailleuse. Nous nous appréciions mutuellement. Elle était très religieuse ; elle savait que je n'étais pas croyante. Quand j'ai été arrêtée elle m'a rendu visite en prison. Elle m'a dit de rester calme et m'a fait cadeau d'une Bible avec une belle dédicace que je possède encore.

Lors d'une visite, elle m'a demandé si j'avais parlé avec René. Je lui ai expliqué qu'on ne nous autorisait pas à passer des coups de fil d'une prison à une autre.

Maintenant, à l'entreprise de télémarketing, ils nous donnaient des magnétophones pour les utiliser lors des appels commerciaux. Nous demandions au client de dire son nom, de nous donner certaines informations, de déclarer qu'il acceptait les termes du contrat, et on enregistrait.

Marina m'a dit : « Souviens-toi que j'ai un magnétophone chez moi. René n'a qu'à m'appeler. J'accepterai l'appel et enregistrerai son message. Ensuite, tu m'appelles, je t'enregistre et quand René m'appelle de nouveau je mets le magnétophone en marche pour qu'il puisse écouter ton message. Quand tu me rappelles, tu pourras entendre le message de René. »

lettre qu'ils m'ont remise. Nous devons nous préparer à ça. »

Mary-Alice Waters : Combien de temps as-tu passé dans la prison de Fort Lauderdale ?

Olga Salanueva : Trois mois. C'est une prison d'État mais ils louent deux cellules au gouvernement fédéral pour emprisonner les immigrants et les gens en attente de jugement au tribunal fédéral. Ils l'utilisent comme un établissement disciplinaire pour les détenus de Krome, le centre de détention pour immigrants de Miami.

Ma cellule n'avait pas de fenêtre. Les lumières étaient allumées vingt-quatre heures sur vingt-quatre et une caméra vous enregistrait. La cellule avait quatre lits, une table, une toilette, un lavabo et une douche avec un rideau.

J'ai partagé la cellule avec des femmes cubaines, une femme de Colombie et des femmes d'Haïti avec lesquelles je m'entendais très bien.

Pendant ces trois mois, René et moi nous sommes écrits. J'ai reçu ses lettres de prison. Mais on ne lui a remis aucune des miennes.

Róger Calero : Comment ont réagi tes collègues de travail ? L'une d'elles ne vous a-t-elle pas aidés,

Expulsée vers Cuba

C'est par ces messages que nous avons pris congé l'un de l'autre, car à ce moment-là j'étais sur le point de me faire expulser.

Ils m'ont expulsée le 22 novembre 2000, seulement cinq jours avant le début du procès des Cinq.

Mary-Alice Waters : Sur quelle base le gouvernement des États-Unis t'a-t-il expulsée ?

Olga Salanueva : Au tribunal de l'immigration, ils n'ont sorti aucune preuve qui m'impliquait dans quoique ce soit. Les procureurs ont dit que je connaissais les activités de mon mari. Le juge leur a demandé de prouver que j'appartenais à ce groupe d'espions qui avaient été arrêtés ou que je savais ce qu'ils faisaient.

« Le procès n'a pas encore commencé, a répondu le procureur. Je peux seulement vous dire qu'elle fait partie du groupe et ses filles aussi. »

Le juge a demandé : « Les filles ? Quel âge ontelles ? »

« Oui, oui, les filles. L'une a 14 ans et l'autre 2 ans. »

« Mais comment pouvez-vous dire que les filles savaient ? »

« OK, pas maintenant, mais à l'avenir elles pourraient savoir, » a dit le procureur.

C'était insensé. À partir de ce moment-là, nous avons appelé Ivette le « bébé espion. »

Le juge a dit : « Bien, même si je ne vois pas de preuve, j'ai la capacité, sur la base de soupçons, de révoquer votre statut de résidente et de vous expulser. » Et c'est ce qu'il a fait.

Après l'audience d'expulsion, j'ai demandé à voir René. Ils ont refusé. Irmita était déjà à Cuba ; elle était venue ici pour des vacances avant mon arrestation. J'ai demandé au juge de l'immigration d'amener Ivette à l'aéroport pour pouvoir l'amener avec moi à Cuba. Ils ont dit non, Ivette est une citoyenne U.S. et elle ne fait pas l'objet d'une expulsion.

« Et comment restera-t-elle aux États-Unis si je suis expulsée et que René est en prison ? » ai-je demandé.

Ils ont répondu que nous allions devoir trouver un parent pour voyager avec Ivette et donner une procuration à ce parent. Il s'est trouvé que la mère de René, Irma [Sehwerert], avait reçu un visa pour rendre visite à René. Ivette est donc rentrée à Cuba avec Irma le lendemain de mon expulsion.

MARTÍN KOPPEL : On m'a dit qu'Irmita a reçu le soutien de quelques-unes de ses amies de l'école.

OLGA SALANUEVA : Oui, c'était à la fin du procès. Irmita était déjà retournée vivre à Cuba et elle a voyagé à Miami pour assister au verdict en décembre 2001.

Les amies d'Irmita l'ont vue dans les journaux et à la télévision. Certaines ont défié toute la propagande hostile et se sont déplacées au tribunal pour la soutenir.

« Beaucoup de monde à Cuba a besoin d'entendre ça »

J'ai vécu aux États-Unis pendant quatre ans. Pendant cette courte période, j'ai appris un peu de ce que veut dire vivre et travailler dans ce pays comme une simple travailleuse de plus. Ce sont mes expériences mais il y a des millions d'histoires similaires d'immigrants aux États-Unis.

À Cuba, beaucoup de monde a besoin d'entendre ces choses, à la fois ceux de ma génération — je suis née en 1959 — et la jeunesse d'aujourd'hui. À Cuba ce sont des choses que tu lis seulement dans les livres ou que te racontent tes grands-parents. Tu pourrais croire que ces choses appartiennent au passé, qu'aujourd'hui le capitalisme n'est pas comme ça. Mais des expériences pratiques comme celles que j'ai traversées t'enseignent plus sur la vie dans une société capitaliste que n'importe quelle lecture. Elles démontrent pourquoi une révolution a été vraiment nécessaire à Cuba.

Quand on a vécu ces expériences, on accorde encore plus de valeur à tout ce que nous avons accompli dans notre pays. Tout ce que nous ne pouvons pas leur permettre de nous enlever. Les gains auxquels nous ne pouvons jamais renoncer. C'est ce que les Cinq défendent ; c'est pourquoi ils les gardent en prison. Et c'est pourquoi nous n'arrêterons jamais de nous battre pour les faire libérer.

LES 16 ET 23 JUILLET 2012

TROISIÈME PARTIE

Angola : lutter pour la liberté de l'Afrique et la nôtre

MARY-ALICE WATERS/MILITANT

> **Les internationalistes cubains ont contribué de manière inégalée à l'indépendance de l'Afrique.**
>
> **Nelson Mandela,** juillet 1991

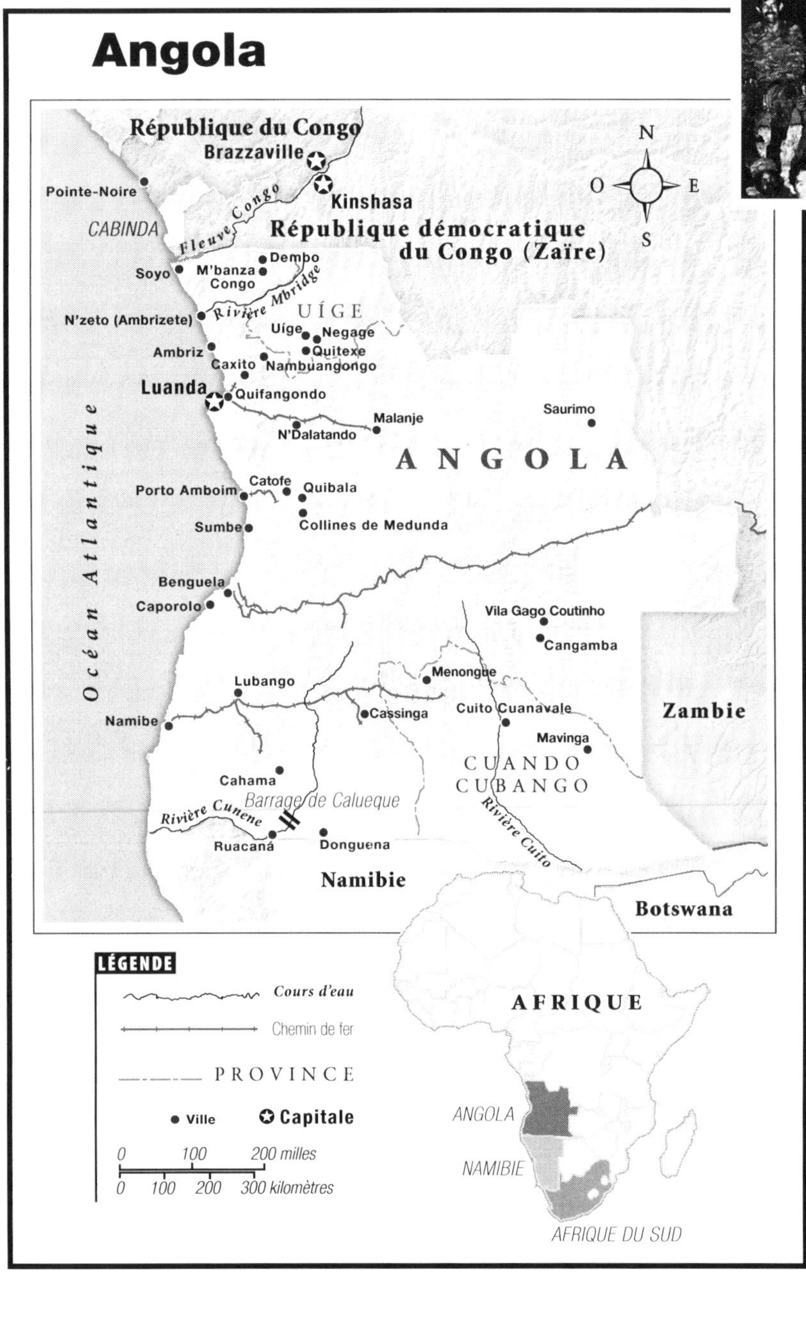

En haut à gauche : Nelson Mandela et Fidel Castro lors d'un rassemblement à Matanzas, à Cuba, le 26 juillet 1991, un an après la libération de Nelson Mandela d'une prison sud-africaine.

En haut : Combattants cubains et angolais sur un char sud-africain capturé durant la bataille de Cuito Cuanavale, dans le sud de l'Angola, où l'armée d'invasion du régime d'apartheid a subi une défaite décisive en mars 1988.

En bas : Cours d'anatomie à l'école des sciences infirmières de l'hôpital de Luanda en 1976. L'enseignante cubaine (avec le sarrau blanc) était l'une des 50 000 volontaires civils qui ont pris part à la mission cubaine en Angola de 1975 à 1991.

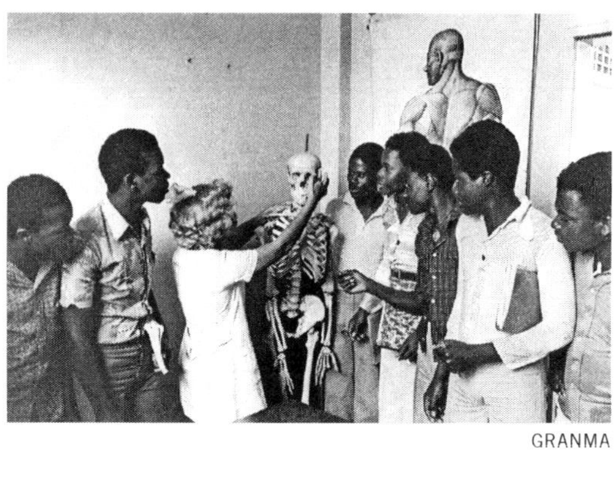

GRANMA

L'ANGOLA A ÉTÉ UNE ÉCOLE POUR TOUS

Mary-Alice Waters

Lorsque Gerardo Hernández Nordelo a obtenu son diplôme de l'Institut supérieur de relations internationales (ISRI) à Cuba en 1989, il s'est engagé comme volontaire pour servir en Angola, comme des centaines de milliers d'autres Cubains l'avaient fait. À l'époque, les Forces armées révolutionnaires de Cuba se trouvaient dans les dernières phases d'une mission internationaliste vieille de près de 16 ans. Elles combattaient aux côtés des Forces armées populaires pour la libération de l'Angola (FAPLA) pour défendre le gouvernement de cette ancienne colonie portugaise contre les forces d'invasion du régime d'apartheid de l'Afrique du Sud et de ses alliés basés au Zaïre, qui avaient l'appui de l'impérialisme.

« Sûr que Cuba, ça passe mal ! » Caricature de Gerardo Hernández, dessinée en 2003 dans le pénitencier fédéral de Victorville, en Californie.

En 1989-1990, le lieutenant Gerardo Hernández a dirigé le peloton de reconnaissance cubain angolais de douze hommes rattaché au onzième groupe tactique de la dixième brigade de chars, stationnée au Cabinda, une province angolaise.

José Luis Palacio, mécanicien de métier et l'un des hommes qui ont servi sous les ordres de Gerardo Hernández au Cabinda, a fait le récit suivant de ces années, qui a d'abord été publié sous le titre de « Douze hommes et deux chats » en mars 2006 dans *Guerrillero*, journal de la province de Pinar del Río dans l'ouest de Cuba.

L'hommage rendu par José Luis Palacio aux qualités de dirigeant de Gerardo Hernández, ou simplement « Gerardo » comme le connaissent des millions de personnes autour du monde qui se battent pour sa liberté, aide beaucoup à comprendre pourquoi le gouvernement des États-Unis l'a choisi comme cible particulière pour un traitement brutal et vindicatif. Il est celui des Cinq Cubains qui a reçu la peine la plus draconienne : deux condamnations à perpétuité plus 15 ans. Depuis son arrestation en 1998, on lui refuse le droit de recevoir des visites de sa femme, Adriana Pérez.

Gerardo Hernández m'a envoyé une photocopie de l'article de *Guerrillero,* parce que j'ai été l'une des rédacteurs du livre *Malcolm X, la libération des Noirs et la voie vers le pouvoir ouvrier,* de Jack Barnes, publié par les éditions Pathfinder. Ce livre, que Gerardo Hernández avait reçu quelques temps auparavant, contient une des photos publiées dans ces pages : celle de Gerardo Hernández avec d'autres membres du peloton autour d'un feu en train de cuisiner. Gerardo a aussi envoyé les deux autres photos du peloton qui paraissent ici, depuis la prison à haute sécurité de Victorville en Californie, où il est détenu.

Dans des lettres qui accompagnaient les photos, Gerardo Hernández a fait les commentaires suivants :

> Vingt ans ont passé, mais je me souviens comme si c'était aujourd'hui du moment où nous avons pris cette photo autour d'un feu en Angola. Nous faisions un *dulce de coco*, un dessert à base de noix de coco. Je me rappelle les noms de chacun, y compris des deux combattants angolais sur la photo qui faisaient partie de notre équipe de reconnaissance.
>
> Plusieurs combattants cubains de mon peloton m'écrivent souvent, y compris trois membres de ce qu'ils appelaient mon « escouade *Matancera*, » parce qu'ils étaient tous de Matanzas : José Ramón Zamora, Fidel Martell et Wilfredo Pérez Corcho. Tous les trois sont des paysans, des gens très modestes et très révolutionnaires. Ils m'ont envoyé ces deux photos, que je partage maintenant avec vous.
>
> La qualité des originaux n'est pas très bonne à cause du passage du temps et des conditions dans lesquelles elles ont été développées et imprimées [...].
>
> Sur la photo avec le char [...] debout au sol se trouve José Luis Palacio, de Pinar del Rio. Depuis plusieurs années, je garde une entrevue qu'il a accordée au journal de sa province qui m'a beaucoup ému quand je l'ai lue. Je la chercherai dans mes papiers et vous en enverrai une copie.
>
> J'ai beaucoup d'admiration pour tous ces *compañeros* qui se sont portés volontaires pour une telle mission. À l'époque c'étaient pratiquement des *muchachos*, de jeunes gars. On m'avait demandé de leur donner des cours dans plusieurs matières, c'est-à-dire que j'étais censé les instruire mais c'est moi qui ai fini par apprendre beaucoup d'eux. L'Angola a été une école formidable pour tout le monde.

Gerardo Hernández a identifié ceux dont les noms apparaissent dans les légendes. Il a aussi fait les commentaires qu'on retrouve entre crochets.

La traduction du texte original en espagnol est du *Militant*.

« DOUZE HOMMES ET DEUX CHATS »

Avec Gerardo Hernández et son peloton en Angola

Zenia Regalado avec José Luis Palacio

Un homme originaire de Pinar del Río était en Angola avec le lieutenant Gerardo Hernández Nordelo. Il se souvient de lui comme d'une personne vive et enjouée, toujours en train de dessiner des caricatures des soldats de son peloton de reconnaissance et de lire le journal du Che. Il était le premier à se lever le matin et le dernier à se coucher. Toujours très attentif à la santé des hommes sous son commandement.

Lorsqu'un groupe de 12 hommes doit dormir à deux mètres et demi sous terre, surmonter le mal du pays qui les ronge lentement avec chaque courrier en retard, marcher à travers des terrains infestés de serpents, l'amitié atteint alors ses plus hauts sommets.

On peut donc comprendre pourquoi José Luis Palacio Cuní s'est senti étrange quand il est rentré d'Angola en 1991 et pourquoi la camaraderie et les plaisanteries simples de ses camarades de peloton de la dixième brigade de chars au Cabinda lui manquaient.

Le soir ils passaient le temps en jouant aux dominos ou aux cartes. Le lieutenant Gerardo Hernández Nordelo préférait les cartes [*En fait je préférais les dominos — GH*]. Il était jovial et les réveillait toujours à 5 h avec cette expression propre à lui : « Soldats, debout ! Droits comme les palmiers de Cuba ! »

À cette époque personne n'imaginait que Gerardo, qui partageait avec eux le même trou, deviendrait un héros et qu'il serait obligé de résister à des épreuves encore plus grandes : rien de moins que l'emprisonnement aux États-Unis.

Aucun des amis de José Luis Palacio ne voulait le croire cet après-midi-là quand ils regardaient la télévision et qu'au milieu d'une petite fête, cet homme à la peau foncé qui habite dans le nouvel immeuble de 12 étages à « Hermanos Cruz » leur a dit : « Merde ! Cet homme sur la photo, c'était mon chef en Angola. C'est le lieutenant Nordelo ! »

Deux chats dans le peloton

José Luis Palacio a servi en Angola au Cabinda pendant deux ans et trois mois. Il travaillait à l'Entreprise de réparation des machines et de l'équipement, ce qui était alors l'EREA, quand il a été appelé pour faire son devoir de réserviste. C'était en 1989 et il a laissé derrière lui une fille d'un peu plus de trois ans.

Comment vous êtes-vous habitués à dormir dans la tranchée-abri ? a été l'une des premières questions que nous avons posées à notre interlocuteur.

« Les tranchées-abris faisaient six mètres de long par deux ou trois de large. Ce n'était pas facile de s'habituer à y dormir, mais quand tu sais que tu es plus en sécurité comme ça que dehors à l'air libre, tu es obligé de le faire.

« J'étais le seul originaire de Pinar del Río parmi ces 12 hommes. La majorité était de Matanzas et nous avions aussi des *orientales* [de l'est de Cuba] et quelques-uns de La Havane. La nuit quand nous étions en bas, nous commencions à nous raconter que le plus bel endroit à Cuba est bien entendu Viñales. Puis quelqu'un d'autre vantait sa province, et ainsi de suite…

« Un jeune gars de Matanzas a commencé à élever deux chats dès son arrivée. Ces petits animaux étaient aussi de vrais soldats internationalistes parce qu'il y avait des souris sous terre et pendant que nous dormions nous entendions souvent les chats les chasser. Ils étaient très attachés à nous.

« Notre lieutenant a terminé sa mission et puis Gerardo est arrivé, un diplômé de l'Institut supérieur de relations internationales. Le chef du onzième groupe tactique nous a dit : « Voici votre nouveau commandant. » Je me rappelle très bien les premiers mots de Nordelo : « Je partagerai avec vous le bonheur, la tristesse et toutes les autres émotions. Je serai simplement un homme de plus, comme un frère, un homme simple. » Il nous a fait bonne impression dès le début.

AVEC L'AIMABLE AUTORISATION DE GERARDO HERNÁNDEZ

Gerardo Hernández avec les membres d'un peloton d'éclaireurs au Cabinda, en Angola, 1989-1990. Sur le char, de gauche à droite : Pembele, combattant angolais ; Adolfo, au centre à l'avant ; Henry, au centre à l'arrière ; Gerardo Hernández. Debout à l'avant : José Luis Palacio, interviewé dans cet article.

« Le soir il parlait de quand il était à l'université, de sa vie d'étudiant, de ses caricatures, de sa mère et de sa femme.

« Il était très drôle et savait raconter une blague. En classe il nous donnait une pause de six minutes et pendant ce temps il dessinait des caricatures de nous et nous disait : « Voilà à quoi vous ressemblez en cours. »

« Quand il voyait qu'un soldat était triste, Gerardo lui montrait même ses propres lettres. Quand vous êtes si loin de chez vous, rien n'est plus important que d'avoir des gens qui vous écrivent.

« On jouait au baseball pendant nos temps libres. Était-il un bon joueur ? Franchement, non. C'était un lanceur, mais puisqu'on jouait pour s'amuser, ça n'avait pas d'importance. [...]

« Il a fabriqué un poste de radio, il devait toujours s'affairer à quelque chose. Il écrivait les communiqués et les blagues qu'un soldat lisait. »

El Corcho

Ce noir élancé s'est rappelé qu'il y avait dans le peloton un jeune gars très maigre qui s'appelait Pérez Corcho et que tout le monde appelait « El Corcho » [Le bouchon].

« Tout le monde l'appelait El Corcho par-ci et El Corcho par-là. Quand son anniversaire est arrivé, Gerardo a eu l'idée de le fêter. Il a demandé la permission et a été autorisé à le faire.

« Pour cette occasion on a fait un vin de riz et d'ananas, qui abondaient dans la région. Ce jour-là nous ne sommes pas allés à la cantine de l'unité. » [*Ce n'était pas une boisson alcoolisée mais une boisson aux fruits, parce que l'alcool était interdit. — GH*]

Beaucoup dans notre groupe de 12 ne savaient pas du tout cuisiner, mais ils ont inventé des choses. Gerardo a écrit quelques blagues pour l'occasion et un communiqué. Il a toujours mélangé des thèmes heureux avec des thèmes patriotiques, raconte son ancien subordonné.

Aviez-vous une stratégie pour vous occuper des serpents ?

« Il y avait beaucoup de cobras dans le coin. Nous avions ordre de dormir sous une moustiquaire et de mettre une botte dans l'autre pour ne pas leur laisser un espace où ils pourraient se glisser, car ils cherchent toujours la chaleur animale.

« Gerardo était le dernier à se coucher et nous répétait toujours : « Placez vos bottes comme vous savez maintenant le faire. » Il prêtait toujours attention à ces détails, même s'il était très jeune.

« Tous les trois ou quatre jours nous faisions une marche de 40 ou 50 kilomètres à travers la jungle pour nos missions de reconnaissance. Nous partions ensemble, en peloton formé d'Angolais des FALPA et de Cubains.

« Une fois un Angolais a découvert un boa de six mètres de long et l'a tué. Ils avaient beaucoup de respect pour les boas et disaient que nous les Cubains ne craignions même pas ces bêtes puisque nous ne les tuions pas.

« Le lieutenant Nordelo nous alertait toujours sur tout et une des choses sur lesquelles il insistait le plus était le besoin de respecter notre propre famille et les familles qui vivaient là.

« J'avais déjà vu à la télévision que l'Angola était un pays pauvre et ce que faisaient les soldats de l'UNITA [1] mais ce n'était rien comparé à ce que j'ai vu par la suite. Des enfants qui vivaient dans de très mauvaises conditions, très maigres, émaciés, dans ces huttes, et je ne pouvais m'empêcher de les comparer aux nôtres et de penser que parfois nous n'étions pas vraiment conscients de ce que nous avions.

« L'Angola a été pour moi une école. J'ai appris à apprécier davantage la vie et l'internationalisme et à donner un peu de moi-même.

« Gerardo a eu une autre de ses nombreuses bonnes idées au sujet des enfants de la zone où nous nous trouvions. Il a demandé aux gars de fabriquer des jouets artisanaux pour les enfants, même des poupées de chiffon. C'était très sympathique. »

Lorsque tu as vu Gerardo à la télévision, qu'as-tu ressenti ?

« Au départ j'étais très triste en pensant à un homme qui était si révolutionnaire, si bon camarade, qui

1. Fondée à l'origine pour lutter contre le pouvoir colonial portugais, l'Union nationale pour l'indépendance totale de l'Angola (UNITA), dirigée par Jonas Savimbi, s'est alliée en 1975 avec le régime raciste d'apartheid en Afrique du Sud et l'impérialisme U.S. dans le but de renverser le gouvernement angolais nouvellement indépendant. Quelque 375 000 combattants cubains se sont battus en Angola aux côtés des FAPLA contre les forces pro-impérialistes, y compris l'UNITA. Cuba a mis fin à sa mission de combat internationaliste en Angola en 1991 après la défaite de l'armée sud-africaine, contrainte de se retirer de l'Angola et d'accorder l'indépendance à la Namibie voisine.

AVEC L'AIMABLE AUTORISATION DE GERARDO HERNÁNDEZ

Gerardo Hernández avec des combattants cubains et angolais en Angola en train de faire un *dulce de coco* (dessert à la noix de coco). « Première rangée, de gauche à droite : Adolfo, Pembele (Angolais), Nelson Abreu et Gabriel Basquito (Angolais). Derrière eux, Yoel et moi-même. » — GH s'était tellement soucié de nous tous et qui était aujourd'hui en prison — et aux États-Unis.

« Mais maintenant je le vois différemment. Je suis content de me rappeler que le lieutenant aux côtés duquel j'ai passé autant de temps est aujourd'hui un symbole de patriotisme, qu'il n'a pas capitulé. Il a supporté tellement de choses. Ils ne l'ont même pas laissé voir sa femme. Il n'a pas pu avoir d'enfant. Cet homme qui prenait soin de nous tous !

« En même temps, je me sens plus révolutionnaire et plus engagé. J'espère aussi qu'il rentrera et que ces 12 Cubains pourront se réunir à nouveau et se souvenir des jours que nous avons vécus en Angola. »

José Luis Palacio, un homme modeste, un membre du parti, mécanicien en réfrigération et climatisation dans un complexe frigorifique, n'a pas écrit à Gerardo parce qu'il n'avait pas l'adresse de la prison. Il ne cherchait pas non plus à se mettre en évidence en racontant ses journées passées en compagnie de ce lieutenant qui aimait tant la lecture.

C'est un ami de José Luis Palacio, Félix Peña, un responsable du comité provincial du parti, qui l'a encouragé à parler avec un journaliste et ainsi partager avec beaucoup plus de gens ses expériences auprès de ce Cubain de souche pure qui fait partie de ceux dont les idéaux les maintiennent aussi droits que les palmiers de Cuba. Il parlait à ses hommes de ces palmiers comme s'il voulait leur rappeler qu'ils étaient nés dans une petite île habituée à la noblesse.

Le peloton de reconnaissance de Gerardo Hernández faisait partie d'une unité tactique de la dixième brigade de chars au Cabinda, qui a participé à des missions de reconnaissance pour protéger les unités et les troupes cubaines.

Quand il donnait des cours à ses soldats, rapporte José Luis Palacio, Gerardo leur soulignait l'importance d'affûter leurs techniques d'observation de l'ennemi afin de suivre sa trace.

Un éclaireur cherche des indices sur le terrain qui indiquent où l'adversaire pourrait se trouver. Il doit étudier la composition de l'armée ennemie et son armement.

Tous les membres de ce peloton de 12 hommes, un chiffre symbolique dans l'histoire de Cuba, ont une photo du groupe. Gerardo lui-même l'a prise. De diverses façons ce patriote a quelque chose en commun avec Ignacio Agramonte[2], cet avocat

2. Ignacio Agramonte (1841-1873) a été l'un des dirigeants politiques et militaires les plus remarquables de la première guerre d'indépendance de Cuba contre l'Espagne. Commandant de division de l'Armée de libération dans

Peloton cubain angolais sous le commandement de Gerardo Hernández

Peloton cubain angolais attaché au onzième groupe tactique de la dixième brigade de chars au Cabinda, en Angola, sous le commandement du lieutenant Gerardo Hernández Nordelo, 1989-1990. « Dans cette photo du peloton, a écrit Gerardo Hernández, nous sommes, en commençant par le premier rang mais toujours de gauche à droite : Wilfredo Pérez Corcho (avec un chat), Fidel Martell (avec l'autre chat), Palacio, Bouza et Adolfo. (Bouza est de la région du marais de Zapata et la dernière fois que j'ai entendu parler de lui, il était un responsable municipal du PCC [Parti communiste de Cuba] à Soplillar.) Je suis au milieu et derrière il y a Gabriel Basquito (Angolais), Henry, Manuel (qui est également diplômé de l'ISRI [Institut supérieur de relations internationales] et peut-être maintenant un diplomate), José Ramón Zamora, deux camarades dont j'ai malheureusement oublié les noms, Nelson Abreu, un autre camarade (avec les lunettes de soleil) dont je ne me rappelle pas le nom et Carlos Amores, avec l'appareil photo, notre actuel ambassadeur en Malaisie. Ce qui se passe dans le cas de la plupart de ceux dont j'ai oublié le nom, c'est qu'ils ne sont pas restés longtemps dans le peloton après mon arrivée car ils avaient terminé leur mission et sont rentrés à Cuba. »

AVEC L'AIMABLE AUTORISATION DE GERARDO HERNÁNDEZ

courageux, homme de lettres et aussi homme d'action au milieu des champs de Cuba, capable de manier une machette mais aussi d'écrire des mots de tendresse à sa femme.

Et ce héros cubain, qui a grandi pendant son incarcération dans une cellule de prison aux États-Unis, a laissé à sa compagne Adriana, accompagné de la chanson *Dulce abismo* [Abîme doux] de Silvio Rodríguez, ce poème de Roberto Fernández Retamar intitulé « *Filin* »[3] :

S'ils me disent que tu es partie
Et ne reviendras pas
Je ne le croirai pas
Je t'attendrai et t'attendrai.

S'ils te disent que je suis parti
Et ne reviendrai pas
Ne le crois pas
Attends-moi
Toujours.

LE 16 AOÛT 2010

---

la province de Camagüey, il s'est élevé jusqu'au grade de major général. Il est mort au combat.

3. *Filin* (sentiment) est un genre de musique populaire cubaine qui s'est développée à La Havane au cours d'une période d'agitation sociale grandissante dans les années 1940 et 1950. Elle a incorporé des éléments à la fois de jazz et de boléro cubain.

« LES OEUVRES LES PLUS BELLES, CE SONT DES HOMMES IMPARFAITS QUI LES RÉALISENT »

René González

De 1977 à 1979, René González a participé à une mission internationaliste en Angola. Il a été l'un des 375 000 volontaires cubains qui entre 1975 et 1991 ont aidé à mettre en échec les invasions de ce nouvel État africain indépendant par le régime d'apartheid d'Afrique du Sud. L'entrevue suivante a été publiée dans le numéro du 13 juin 2005 du quotidien cubain *Trabajadores*.

Le procès qu'ont subi les Cinq Cubains en 2001 a été un coup monté. Au terme de ce procès, René González a été déclaré coupable de ne pas s'être enregistré comme agent étranger et d'avoir conspiré pour agir comme agent étranger non enregistré. En octobre 2011, après avoir passé 13 années en prison, il a été placé en « liberté surveillée » et reste sous le coup d'une décision du tribunal de purger cette peine additionnelle aux États-Unis.

Lorsque René González mentionne le crime de la Barbade, il se réfère à l'attentat à la bombe perpétré contre un avion cubain en 1976 qui a tué 73 personnes quelques instants après avoir décollé de l'aéroport de la Barbade. L'attentat avait été organisé par Luis Posada Carriles et Orlando Bosch, des contre-révolutionnaires cubains entraînés par la CIA.

René González mentionne aussi la « révolution des oeillets, » un soulèvement populaire de masse au Portugal déclenché par un coup d'État militaire qui y a renversé une dictature fasciste profondément corrompue en avril 1974.

La traduction de l'espagnol est du *Militant*.

L'énergie juvénile et le sentiment internationaliste de René González Sehwerert ont fusionné dans sa vie de soldat pendant la guerre de libération de l'Angola. Trabajadores *révèle les sentiments et les motivations qui ont amené un de nos héros antiterroristes sur le continent africain.*

Je ne sais pas si au milieu des années 1970, j'aurais eu besoin de trop de motivation pour accomplir une mission internationaliste. C'était dans l'air. L'héritage du Che germait. Les crimes de l'empire heurtaient la sensibilité collective des Cubains à chaque reportage sur une nouvelle agression ou sur l'arrivée au pouvoir d'une nouvelle dictature militaire ou lorsqu'il nous blessait directement dans notre chair avec des crimes comme ceux commis à la Barbade.

Dans ces circonstances, la révolution des oeillets, qui a secoué l'empire colonial portugais, a été comme une bouffée d'air frais et a ouvert les portes de la souveraineté à des parties de l'Afrique desquelles nous rapprochaient des siècles d'exploitation.

Lorsqu'ils ont une fois de plus recouru au crime, avec l'appui et la complicité de ceux qui aujourd'hui prétendent nous donner des leçons sur les droits humains, et que l'Afrique du Sud de l'apartheid s'est attaquée à une nation qui faisait ses premiers pas en Angola, le peuple cubain a frémis de colère. Ébranlé moi aussi, j'ai réussi, grâce à l'aide de quelques officiels, à m'intégrer dans une unité de mon régiment affectée à une mission. C'est ainsi que j'ai rejoint un bataillon blindé, comme artilleur dans un équipage, un jour après avoir terminé mes trois ans de service militaire général.

Deux ans au Cabinda

Après deux mois d'entraînement, le bataillon de chars T-34 est arrivé sur les côtes du Cabinda en mars 1977. Notre unité n'a pas participé aux activités de combat ; nous avons seulement fait partie d'une ligne défensive juste avant notre retour, quand l'enthousiasme initial des jeunes soldats pour la guerre s'était tempéré un peu avec l'imminence du retour chez nous.

Notre étonnement initial face au paysage africain luxuriant a fait place au contact d'une culture et d'un mode de vie inconnus de nous. J'ai été frappé par la noblesse, l'humilité et le manque de malice des Angolais, que des siècles de misère et d'exploitation n'avaient pas réussi à transformer en prédateurs. Les paroles de chaque paysan valaient plus que les constitutions de tous ces pays « supérieurs » qui étaient allés « civiliser » ce continent.

Voir la faim sur le visage et le corps des enfants est une expérience qui a eu un grand impact sur moi. Leur regard vous faisait frissonner. D'un commun accord, sans nous consulter, chacun de nos 200 combattants s'est engagé dès le premier jour à donner une portion de sa maigre ration pour nourrir une douzaine d'enfants qui nous attendaient au bord de la route trois fois par jour alors que nous apportions de la nourriture à un petit groupe de soldats déployés près du village.

Il y a deux moments juxtaposés qui seront gravés pour toujours dans ma mémoire : ces visages heureux qui retournent vers leur village et qui y voient une famille voisine fabriquer un petit cercueil.

En l'absence de combats, mon séjour en Angola a coïncidé avec la bataille pour atteindre la neuvième année de scolarité. Cette tâche a été entreprise avec enthousiasme ; des salles de classe de campagne ont été construites dans les régions où se trouvait chaque régiment. Je suis reconnaissant pour cette affectation car elle m'a permis de me réconcilier avec l'étude des mathématiques, que j'ai pu enseigner. J'ai eu la satisfaction de voir un groupe d'officiers et de soldats retourner chez eux avec un certificat qui confirmait le niveau scolaire qu'ils avaient conquis.

René González à l'âge de 21 ans en 1977 en Angola, où 375 000 volontaires cubains ont contribué à repousser l'invasion du régime d'apartheid sud-africain soutenu par Washington, dans les années 1970 et 1980.

En mars 1979, après deux années de vigilance et de préparation intense au combat, les derniers membres du bataillon des T-34 du régiment d'infanterie motorisée du Cabinda sont montés sur les bateaux qui nous ont ramenés à Cuba avec la satisfaction d'avoir fait notre travail et rapporté une expérience unique.

Nous avons laissé derrière nous sur la petite colline de Zenda une unité remise à neuf et une montagne d'expériences de vie.

Je n'ai jamais imaginé qu'une autre expérience, comme celle que je vis actuellement, parviendrait à dépasser en intensité et en poids celle que l'Angola a eu sur mon développement et ma vie. C'est cette valeur que j'attribue à mes deux années passées au Cabinda.

Le travail d'hommes imparfaits

Cette mission internationaliste était la matérialisation d'un désir ardent qui m'a fait grandir comme être humain. Tout n'était pas rose. J'ai eu des expériences positives et négatives, dans des conditions difficiles. Là-bas j'ai vécu des moments de joie intense et d'autres d'infinie tristesse ; l'esprit de camaraderie se mêlait aux conflits ; j'ai eu des accords et des désaccords, je m'entendais avec certains et pas avec d'autres, je me suis fait de bons amis ou simplement des camarades.

Mais chacune de ces expériences m'a enseigné quelque chose de nouveau et m'a fait grandir. Je m'y suis souvent référé par la suite pour résoudre des problèmes et chaque combattant — peut-être comme moi à ce moment-là, sans en être tout à fait conscient — a fait partie de quelque chose de beaucoup plus grand que chacun d'entre nous ou même que notre bataillon.

L'expérience angolaise m'a enseigné que les oeuvres les plus belles sont réalisées par des hommes imparfaits, chacun d'entre nous donnant à l'histoire une petite poussée : ce redressement continuel des torts qui a commencé avec la première injustice humaine.

Toutefois le rôle de Cuba dans cette épopée représentait plus qu'une brève poussée. L'élan que la lutte pour la souveraineté de l'Angola a donné à la lutte contre le colonialisme, ce cancer social sur lequel s'est construite l'opulence de ce qui passe aujourd'hui pour le monde civilisé, ne s'est pas arrêté avant d'atteindre le cap de Bonne-Espérance, détruisant toute une mythologie inventée pour subjuguer.

Je crois qu'un certain temps passera avant que l'humanité comprenne l'altruisme de Cuba en Angola. Dans le monde individualiste qu'on nous impose, ce qu'une personne a appelé « scepticisme narquois » mine et immobilise la conscience collective forgée dans les masses comme moyen de domination par ceux qui y bâtissent leur fortune.

Mais l'histoire est déjà écrite, au moins jusqu'à aujourd'hui, et l'épopée de notre peuple en Afrique en fait partie. Comme ce le sera lorsque tous les peuples unis auront enterré l'empire bourgeois, effaçant enfin la faim du visage du dernier enfant qui en a souffert.

LE 8 DÉCEMBRE 2008

« J'AI APPRIS PLUS QUE DANS TOUS LES LIVRES QUE J'AI ÉTUDIÉS OU QUE J'AURAIS PU ÉTUDIER »

Fernando González

« Les deux années que j'ai passées en Angola, de 1987 à 1989, ont été une étape marquante de ma vie. Elles ont été d'une énorme importance pour mon développement en tant que révolutionnaire et en tant qu'être humain. »

Voilà comment Fernando González Llort a résumé ce qu'a signifié pour lui sa participation à l'effort massif déployé par les hommes et les femmes de Cuba pour aider ce pays africain à défendre son indépendance et sa souveraineté nouvellement gagnées du Portugal contre le régime d'apartheid d'Afrique du Sud.

Fernando González était stationné dans le sud de l'Angola lors de la dernière phase de la guerre prolongée contre les envahisseurs sud-africains. De sa cellule de prison à Terre Haute en Indiana, il a répondu aux questions que le *Militant* lui a posées sur son expérience en Angola comme combattant internationaliste.

« Nous sommes partis avec enthousiasme pour l'Angola »

Au cours de l'été 1987, Fernando González a terminé ses études avec distinction à l'Institut supérieur de relations internationales (ISRI) à La Havane, qui forme des étudiants pour les services diplomatiques à l'étranger.

« Une partie du programme d'étude, a-t-il écrit, consistait en formation militaire, dont un travail pratique de reconnaissance. J'ai obtenu un diplôme universitaire ainsi que le rang de lieutenant de réserve des Forces armées révolutionnaires (FAR). » Il était aussi un membre actif de l'Union des jeunes communistes.

« Peu après avoir fini l'école, presque toute notre promotion de diplômés a été appelée au service actif dans les FAR. Nous nous sommes tous portés volontaires pour des missions internationalistes en Angola et sommes partis avec enthousiasme.

« La collaboration militaire cubaine en Angola, qui avait commencé 12 ans plus tôt, était devenue légendaire à ce moment-là pour son héroïsme et son internationalisme désintéressé, a poursuivi Fernando González. Il était difficile de trouver un Cubain qui ne connaissait pas quelqu'un qui avait effectué une mission et parlait des expériences qu'il avait vécues là-bas. C'était un honneur pour un jeune révolutionnaire d'aller en Angola et de faire partie de cet effort.

« J'ai connu des membres de ma classe de diplômés à qui on n'a pas permis, pour des raisons de santé, de se joindre au groupe d'entre nous qui allait en Angola et qui ont fait appel des décisions de la commission médicale et se sont battus pour être acceptés. Ils ont remué ciel et terre et ont finalement été autorisés à se joindre à nous.

« C'est un exemple de l'importance que nous accordions au fait de faire partie de l'expérience en Angola et de l'enthousiasme avec lequel nous avons saisi cette opportunité. »

La bataille de Cuito Cuanavale

Une fois en Angola, a écrit Fernando González, « j'ai passé les premiers six mois dans une unité stationnée dans la ville de Lubango, dans le sud. Nous y avons reçu une formation de reconnaissance avant d'être affectés dans différentes unités. Nous étions un groupe relativement petit de 35. Nous nous connaissions tous par nos prénoms.

« Au cours de la période passée à Lubango, nous lisions les rapports des services de renseignement sur les événements qui se déroulaient à Cuito Cuanavale. »

Vers la fin de 1987, les forces du régime d'apartheid ont lancé une nouvelle invasion de l'Angola avec le soutien de leur allié, le groupe contre-révolutionnaire angolais UNITA, basé parmi le peuple Ovinbundu dans le sud. L'invasion a rapidement créé une situation critique. Les forces ennemies ont encerclé la ville de Cuito Cuanavale dans le sud-est et risquaient d'infliger une défaite majeure à l'armée angolaise, les Forces armées populaires pour la libération de l'Angola (FAPLA). La direction révolutionnaire de Cuba a répondu aux appels du gouvernement angolais en renforçant massivement sa mission en Angola. « Nous avons même couru le risque d'affaiblir notre propre défense, » a noté le président cubain Fidel Castro en 1991, « et nous l'avons fait[4]. »

Pour la première fois depuis le début de la guerre, les troupes cubaines se sont déployées dans le sud en direction de la frontière entre l'Angola et la Namibie dans une puissante opération de contournement tout en se frayant un chemin vers Cuito Cuanavale. (Voir la carte page 86.)

En mars 1988, les forces combinées des volontaires cubains, des soldats des FAPLA et des combattants de la liberté namibiens avaient infligé une défaite écrasante à l'armée sud-africaine. Les forces de l'apartheid ont commencé à battre en retraite et à chercher à faire la paix. Une série de sessions de négociation tripartites impliquant l'Angola, l'Afrique du Sud et Cuba a conduit à un accord signé aux Nations unies à New York en décembre 1988. Le gouvernement sud-africain s'est complètement retiré de l'Angola et a concédé l'indépendance à la Namibie. L'indépendance de l'Angola étant assurée, les forces cubaines se sont retirées. Les dernières unités sont rentrées à Cuba entre janvier et mai 1991, avant l'échéance prévue.

« Vers le quatrième mois d'entraînement, raconte Fernando González, des officiers du quartier général ont rendu visite à notre unité et se sont réunis avec tous les officiers et soldats pour expliquer en détail la décision du haut commandement des FAR et de la direction de la révolution de faire avancer nos troupes jusqu'à la frontière namibienne.

« Nous comprenions l'importance stratégique de déplacer nos unités vers le sud de l'Angola et la décision prise par le commandant en chef [Fidel Castro] d'envoyer en Angola des unités ayant une grande expérience de combat comme la cinquantième division « Baraguá ». Même avec notre connaissance limitée des questions militaires, nous avons saisi le caractère décisif de ce moment historique.

« À ce moment, la ligne de soldats cubains la plus au sud formait un axe qui allait du port de Namibe à l'ouest, passait par Lubango et se terminait à Menongue à l'est. Cuito Cuanavale se trouvait bien au-delà de Menongue.

« Comme nous n'avions pas terminé notre formation, nous sommes restés à l'arrière-garde des forces cubaines à Lubango quand le Regroupement des troupes du sud (ATS) s'est déployé vers le sud et s'est dirigé vers Cahama, Tchipa et d'autres villes pour y occuper des positions situées à quelques kilomètres à peine de la frontière avec la Namibie. »

Près de la frontière namibienne

« Une fois notre formation terminée, un groupe d'entre nous a été envoyé au quartier général de l'ATS à Cahama. Là, la section du renseignement nous a affectés à différents endroits. La plupart de notre groupe est parti le jour suivant pour retrouver les unités auxquelles chacun était destiné. Je suis resté à Cahama dans la section du renseignement où j'ai servi en tant qu'officier du poste de commandement pendant trois ou quatre mois.

Des soldats cubains et angolais sur un char sud-africain, capturé en mars 1988 lors de la bataille de Cuito Cuanavale, dans le sud de l'Angola, où les forces d'invasion du régime suprématiste blanc ont subi une défaite décisive. Fernando González était alors stationné dans le sud.

4. Nelson Mandela et Fidel Castro, *How Far We Slaves Have Come*, New York, Pathfinder, première édition, 1991, 2009, p. 39.

Mes responsabilités consistaient à traiter 24 heures sur 24 toutes les informations envoyées par les unités de terrain sur le travail de reconnaissance effectué dans leur zone et à préparer un rapport quotidien sur ces activités, qui comprenait des renseignements reçus par radio et moyens électroniques. »

Après la défaite des forces de l'apartheid à Cuito Cuanavale et l'accord pour entamer le retrait des troupes cubaines, le quartier général de l'ATS a été ramené à Lubango. Fernando González y a été transféré et y est resté pendant le reste de sa mission en Angola.

« La direction de la section du renseignement m'a affecté au groupe des opérations de Lubango pour lequel j'ai servi comme agent de liaison avec le quartier général des FAPLA. J'avais pour responsabilité de coordonner les échanges d'information sur les résultats du travail de reconnaissance. Chaque jour j'apportais au quartier général des FAPLA les informations recueillies dans le cadre de notre travail de reconnaissance dans le sud de l'Angola. Là, dans la section du renseignement de leur quartier général, ces informations étaient reportées sur une carte et nous les vérifiions en les comparant les unes aux autres.

« Je préparais des rapports quotidiens pour la section du renseignement de l'ATS à Cahama et des rapports pour le commandant du groupe des opérations de Lubango sur le déploiement de l'ennemi. J'ai aussi servi en tant que conseiller aux renseignements auprès du trente-et-unième groupe tactique, basé aux alentours de Lubango. »

Alors qu'il était en service à Lubango, a raconté Fernando González, « les forces de l'UNITA ont fait sauter une bombe sur la voie de chemin de fer reliant Namibe et Lubango. On a aussi rapporté un échange de coups de feu à l'un de nos postes. Nous avions des détachements de soldats qui surveillaient le chemin de fer à divers points de son parcours. On m'a ordonné de prendre le commandement d'un groupe de soldats et d'aller dans la région où l'attaque avait eu lieu afin de déterminer les besoins de nos camarades. »

De retour à Lubango, a dit Fernando González, « je me suis joint à l'état-major de l'ATS et j'ai participé comme traducteur à l'une des réunions associées aux négociations tripartites entre l'Angola, Cuba et l'Afrique du Sud. »

Parlant de cette affectation, Fernando González a fait remarquer : « J'avais étudié l'anglais à l'ISRI. Ils accordaient beaucoup d'importance aux langues. Mais on ne nous a jamais formés comme traducteurs. De plus, au moins à cette époque, l'attention portait moins sur la communication que sur la lecture et la capacité de s'exprimer oralement ou par écrit.

AVEC L'AIMABLE AUTORISATION DE FERNANDO GONZÁLEZ

À droite : Fernando González en Angola. **À gauche** : Fernando González (assis, au centre) et d'autres soldats cubains pendant un moment de repos entre des opérations militaires.

« Je n'ai pas collaboré en tant que traducteur parce que j'étais qualifié pour le faire. C'était une question de nécessité. En fait, après presque deux années passées en Angola sans pratiquer une langue que je n'avais apprise qu'à l'école, mon anglais était très rouillé. »

« Une expérience qui m'a servi en prison »

Revenant sur son expérience en Angola, Fernando González a dit : « J'ai beaucoup appris des Cubains et des Angolais autour de moi. J'ai appris de leur esprit de camaraderie et de solidarité dans des conditions difficiles. De la modestie affichée par tellement d'entre eux. De l'effort collectif et en équipe malgré les différences culturelles entre les combattants cubains et angolais, et de la richesse que ces différences nous ont apportée. Nous avons appris les uns des autres. Chacun éprouvait un sentiment de responsabilité.

Son expérience en Angola, dit Fernando González, l'a aidé « à résister aux conditions d'emprisonnement prolongé. » Cette photo a été prise quand il se trouvait dans la prison fédérale de Terre Haute en Indiana. Il se trouve maintenant dans la prison fédérale de Safford en Arizona.

« À l'époque, j'avais 24-25 ans. La majorité des soldats cubains étaient plus jeunes et beaucoup des Angolais que j'ai rencontrés avaient seulement 16 ou 17 ans. Pendant ces deux années, j'ai vu beaucoup de Cubains arriver en Angola comme recrues avec les traits physiques et psychologiques d'adolescents et se transformer en jeunes hommes trempés par la discipline et les responsabilités, capables de faire face aux difficultés et dotés d'une conscience révolutionnaire.

« Moi-même, je n'ai pas été étranger à ce processus de maturation sous l'impact de ces conditions. Je venais à peine de terminer mes études universitaires. En Angola, j'ai appris, autant des Angolais que des Cubains, que malgré toute la formation que tu peux avoir reçue, certaines choses sont plus importantes pour un révolutionnaire : le développement du caractère, la sensibilité en tant qu'être humain, un esprit de solidarité.

« J'ai plus appris en voyant de mes propres yeux les effets du colonialisme et ses conséquences pour un peuple — dans ce cas, le peuple angolais — que dans tous les livres que j'avais étudiés ou aurais pu étudier.

« J'ai vu l'esprit de combat de ce peuple et sa détermination à surmonter le passé, ses efforts pour repousser l'agression étrangère et défaire les contre-révolutionnaires soutenus par l'étranger.

« C'est une leçon qui me sert toujours. Y compris ici, dans des conditions d'emprisonnement prolongé.

« Même si je n'ai pas directement pris part au combat, j'ai eu la chance et me sens fier d'avoir été membre du Regroupement des troupes du sud, en particulier pendant les moments décisifs de la mission cubaine qui ont conduit à la victoire finale. »

En Angola, Fernando González a été recruté comme membre du Parti communiste de Cuba. Il a aussi reçu deux décorations. Après son retour à Cuba, il a été dégagé du service actif et a entrepris un cycle d'études en relations internationales à l'ISRI.

Quelques années plus tard, il a commencé une nouvelle mission internationaliste. Cette fois-ci, aux États-Unis.

LE 3 DÉCEMBRE 2012

QUATRIÈME PARTIE

Qui sont les Cinq Cubains ?

Les expositions d'art itinérantes élargissent le soutien à la lutte pour libérer les Cinq Cubains

En haut : Plusieurs peintures d'Antonio Guerrero, comme celle à gauche, et des dessins humoristiques de Gerardo Hernández, à droite, ont fait partie de l'exposition *Au delà du cadre* au Royaume-Uni, en avril-mai 2012. L'exposition a présenté des oeuvres de 46 Cubains et autres artistes, la plupart données, qui ont permis de recueillir des fonds pour la campagne de défense des Cinq Cubains.

JULIE KING

En haut : Des centaines de personnes ont visité l'exposition dans une galerie de Londres avant qu'elle n'aille à Glasgow en Écosse.

LINDA HARRIS/MILITANT

À gauche : Quelque 150 personnes ont assisté au vernissage de l'exposition de dessins humoristiques de Gerardo Hernández dans une galerie d'art de Sydney en Australie, le 19 avril 2012.

« POURQUOI LUTTONS-NOUS POUR LES CINQ ? PARCE QUE NOUS LUTTONS POUR NOTRE LIBERTÉ »

Rafael Cancel Miranda

Rafael Cancel Miranda, un dirigeant révolutionnaire de la lutte pour l'indépendance de Porto Rico depuis une soixantaine d'années, a été l'orateur principal lors d'une réunion le 14 septembre 2012 à Washington, pour exiger du gouvernement U.S. qu'il libère les Cinq Cubains. La réunion marquait le début de leur quinzième année d'incarcération. Voici les remarques de Rafael Cancel Miranda à cette réunion.

BILL HACKWELL

Rafael Cancel Miranda prend la parole lors d'une réunion pour défendre les Cinq Cubains, à Washington en septembre 2012. Il a été emprisonné pendant 27 ans aux États-Unis pour ses activités pour l'indépendance de Porto Rico.

Lui et quatre autres combattants pour l'indépendance de Porto Rico, partisans du Parti nationaliste dirigé par Pedro Albizu Campos, ont passé plus d'un quart de siècle dans les prisons U.S. pour leurs actions en faveur de l'indépendance.

En 1954, Rafael Cancel Miranda, Lolita Lebrón, Andrés Figueroa Cordero et Irving Flores sont entrés dans la Chambre des représentants des États-Unis à Washington, ont déployé un drapeau portoricain au balcon et ont tiré des coups de pistolet blessant cinq membres du Congrès. Déclarés coupables et condamnés à des peines de prison allant jusqu'à 81 ans, ils ont rejoint un cinquième nationaliste, Oscar Collazo, emprisonné quatre ans plus tôt pour une attaque armée contre la résidence temporaire du président U.S. Harry Truman.

Au début des années 1970, la campagne internationale pour la libération des cinq prisonniers indépendantistes a pris de l'ampleur. Elle était stimulée par une remontée de la lutte pour l'indépendance de Porto Rico et par les luttes contre les conditions économiques et sociales ainsi que les conditions d'emploi auxquelles faisaient face des millions de Portoricains sur l'île et aux États-Unis. Ces batailles elles-mêmes étaient alimentées en partie par l'explosion à l'échelle mondiale de l'opposition à la guerre de Washington contre le peuple du Viêt-nam et contre la conscription militaire obligatoire des jeunes portoricains pour lutter et mourir dans l'intérêt de l'impérialisme U.S. Ces luttes étaient liées aux luttes pour la libération des Noirs et des Chicanos et pour l'égalité des femmes, qui se développaient aux États-Unis.

En 1977, le président U.S. James Carter a libéré pour des considérations « humanitaires » Figueroa Cordero, qui souffrait d'un cancer en phase terminale. En 1979, une nouvelle vague de luttes révolutionnaires, de l'Iran jusqu'au Nicaragua et à la Grenade, a renversé des dictatures qui s'étaient maintenues au pouvoir avec l'appui de Washington. Ces victoires ont renforcé la révolution cubaine et consolidé son cours internationaliste prolétarien.

En réponse à une initiative renouvelée de la part du président cubain Fidel Castro, James Carter a accordé la clémence du pouvoir exécutif et commué les peines de Rafael Cancel Miranda, Lolita Lebrón, Irving Flores et Oscar Collazo. Dans les semaines qui ont suivi, La Havane a libéré quatre agents de renseignement U.S. emprisonnés à Cuba. Comme l'a reconnu franchement Zbigniew Brzezinski, le conseiller pour les questions de sécurité nationale de Carter : pour l'impérialisme U.S., le maintien en prison des combattants pour l'indépendance de Porto Rico ne valait plus le coût politique.

En route vers Porto Rico, ces combattants ont été salués aux Nations unies par Fidel Castro, qui s'adressait à l'assemblée générale des Nations unies en tant que président, cette année-là, du Mouvement des non alignés. Ils ont aussi été accueillis par des foules enthousiastes de milliers de personnes à Chicago, New York et San Juan.

AP/WIDE WORLD PHOTOS

De la gauche, au premier rang, les nationalistes portoricains Irving Flores, Rafael Cancel Miranda, Lolita Lebrón et Andrés Figueroa Cordero après leur arrestation pour une action armée au Congrès des États-Unis en mars 1954.

Je vous remercie beaucoup d'être ici.

Pourquoi luttons-nous pour les Cinq ? Parce que nous luttons pour nous-mêmes.

Nous ne leur rendons pas service. Nous nous rendons service *à nous-mêmes* parce que nous luttons pour nous, pour notre liberté.

Pourquoi les Cinq sont-ils en prison ? Pour défendre leur pays. Pour empêcher ces assassins de tuer leur peuple.

Vous savez, on m'a déjà traité de terroriste. En fait, aujourd'hui, ils m'ont menacé ici à Washington. Un de ces types de droite a écrit : « Un terroriste portoricain est en ville. » Cela ne me dérange pas. S'ils m'appellent un terroriste, cela signifie que je fais quelque chose de bien. Par contre, s'ils me félicitent, alors je suis en train de faire quelque chose de mal. [*Applaudissements*]

Alors, j'ai été dans la même prison qu'Orlando Bosch avant qu'il fasse exploser la bombe dans l'avion. Nous étions tous les deux dans la prison à sécurité maximale de Marion[1].

Quand ils l'ont amené à Marion, le directeur de la prison m'a convoqué en disant qu'il voulait me parler de quelque chose. Normalement, je ne parlais pas beaucoup avec les responsables de la prison. On m'a emmené dans son bureau et il m'a dit : « Nous allons amener deux prisonniers ici. Si quelque chose leur arrive, tu es responsable. » J'ai dit au directeur : « Tant qu'ils ne me marchent pas sur les pieds, tout ira bien. » Je ne savais même pas qui ils étaient et lui ne me l'a pas dit.

Environ une semaine ou deux plus tard, je les ai vus. C'était Orlando Bosch et Rolando Masferrer[2]. À chaque fois que je croisais ces types, si j'allais dans une direction, ils partaient dans une autre. Voyez-vous tout le courage qu'avait Orlando Bosch? Hors de la prison il plaçait des bombes et des trucs du genre au milieu de la nuit. Mais d'homme à homme, c'était un lâche. Il ne s'approchait jamais de moi.

Soit dit en passant, lorsque Rolando Masferrer est sorti, il a été tué. Ils avaient posé une bombe dans sa voiture. Ils sont prêts aussi à se tuer entre eux, vous savez.

Nous devons maintenir vivant les noms des Cinq. Pour deux raisons.

Premièrement, parce qu'en se battant pour eux — car c'est bel et bien une *lutte*, nous nous battons pour leur liberté — ils nous transmettent de la prison leur lumière et leur force.

Grâce à eux, grâce à Antonio, à Fernando, à René, à Gerardo, à Ramón, des milliers ou des millions de personnes voient mieux qui est le véritable ennemi.

1. Orlando Bosch, un contre-révolutionnaire formé par la CIA, purgeait une peine de 10 ans à la prison fédérale de Marion, en Illinois, pour une attaque au bazooka contre un cargo polonais dans le port de Miami en 1968. Libéré sous condition, il est allé au Venezuela où lui et Luis Posada Carriles ont organisé l'attentat à la bombe en 1976 contre un avion de ligne cubain au-dessus de la Barbade. Prenant la parole avant Cancel Miranda, José Pertierra, un avocat du gouvernement vénézuélien dans sa tentative d'obtenir l'extradition de Luis Posada Carriles, avait raconté l'histoire de cet attentat.

2. Rolando Masferrer était à la tête d'un escadron de la mort pro-gouvernemental cubain pendant la dictature de Batista, qui jouissait de l'appui de Washington. Résidant à Miami après la victoire révolutionnaire de 1959, il a été condamné et emprisonné en 1968 pour avoir violé la loi de neutralité U.S. Il a été tué en 1975 lors d'un attentat à la voiture piégée, probablement commis par des contre-révolutionnaires rivaux.

Il y a un certain temps, j'ai parlé avec Gerardo au téléphone. C'était la première fois que nous nous parlions. Pas une fois il a dit quelque chose du genre : « Oh, pauvre moi. » Rien de tel. Les hommes et les femmes comme lui sont forts.

Mais il y a une autre raison pour laquelle nous devons lutter pour les Cinq. J'ai dit une fois à Ricardo Alarcón [président de l'Assemblée nationale de Cuba] que nous devons poursuivre ce combat parce que nous protégeons leurs vies. Plus il y a de gens qui s'impliquent dans la lutte, plus leurs geôliers feront attention à comment ils les traitent.

Je suis ici aujourd'hui grâce à des gens comme vous qui avez continué de lutter, de lutter et de lutter. Et si je suis toujours en vie, c'est grâce à des gens comme vous. Parce qu'en prison et à Washington, ils savaient que des milliers de personnes se préoccupaient de ce qui pouvait nous arriver. Ils ont donc fait plus attention.

Des fois, nous nous sentons un peu frustrés. Des fois, nous voulons que des choses arrivent. Mais rien n'arrive à moins que des gens fassent ce qu'il faut pour que ça arrive. Nous persisterons, persisterons.

Quand ils apprennent qu'il y a des rassemblements comme celui-ci, vous leur donnez de la force. Pas qu'ils aient besoin de plus de force. Ils sont forts. Mais je sais que lorsque nous étions en prison, chaque fois que je recevais une lettre de solidarité, ça me faisait du bien.

Soit dit en passant, j'ai dit à [José] Pertierra que j'ai passé 27 ans et demi en prison. La deuxième fois j'ai passé 25 ans et demi à cause de ces « pétards » que nous avions lancés à Washington en 1954.

La première fois qu'ils m'ont mis en prison j'étais au secondaire à Porto Rico. C'était pendant la guerre de Corée. J'avais 18 ans. Ils voulaient que je fasse partie de leur armée.

La première fois, ils m'ont mis en prison, pour *ne pas* avoir tiré. Et la deuxième fois qu'ils m'ont mis en prison, c'était *pour* avoir tiré. Ça dépend sur qui tu tires. [*Rires et applaudissements*]

Soit dit en passant, *ils* ont envahi mon pays. Ils ont bombardé mon pays le 12 mai 1898 et tué des Portoricains. Et le 25 juillet 1898, ils nous ont envahis et tué des Portoricains. C'est l'armée U.S. qui l'a fait, la même armée dans laquelle ils voulaient m'enrôler.

Ils ont massacré mon peuple à Río Piedras, le 24 octobre 1935, sous les ordres du colonel Elisha Francis Riggs, le chef de police de Porto Rico nommé par Washington. Au Nicaragua, le même Riggs a été impliqué dans l'assassinat du général des hommes libres, Augusto César Sandino.

Le 21 mars 1937, ils ont une fois de plus massacré mon peuple à Ponce, sur les ordres de Blanton Winship qui, tout comme Riggs, a publiquement donné l'ordre, face aux nationalistes, de « tirer pour tuer[3]. »

Et ensuite ils s'attendent à ce que nous les couvrions de baisers et de roses.

---

3. En 1898, le gouvernement U.S. a déclaré la guerre à l'Espagne et saisi ses colonies à Porto Rico, aux Philippines et à Guam. Les troupes U.S. ont aussi occupé Cuba, qui avait livré trois guerres d'indépendance contre l'Espagne depuis 1868. Les navires U.S. ont bombardé San Juan à Porto Rico, le 12 mai 1898, et les troupes U.S. ont envahi l'île à Guánica quelques mois plus tard, le 25 juillet. Porto Rico est depuis sous la botte coloniale U.S.

Le 24 octobre 1935, quatre partisans du Parti nationaliste ont été tués par la police à l'Université de Porto Rico à Río Piedras. Le 21 mars 1937, la police a ouvert le feu sur un rassemblement du Parti nationaliste dans la ville de Ponce, à Porto Rico, tuant 21 personnes et en blessant 200. Le gouverneur colonial nommé par le président U.S. Franklin Roosevelt était alors le général Blanton Winship.

DAN DICKESON/MILITANT

Rafael Cancel Miranda et d'autres nationalistes retournent à San Juan, à Porto Rico, après avoir obtenu leur libération des prisons U.S. en septembre 1979. Une foule de 7 000 personnes les a accueillis à l'aéroport.

Ils nous ont envahis mais ils veulent que nous disions : « Merci. Vous êtes si aimables. » Et ils s'attendent à ce que nous nous joignions à cette armée pour tuer des gens en Corée ou ailleurs qui ne nous ont rien fait.

Nous pouvons être aussi pacifiques que nous ne le voulons. Mais cela ne signifie pas que nous devons tout encaisser, les laisser nous faire ce qu'ils veulent. Nous avons le droit de riposter.

Comme je l'ai dit, je fréquentais l'école secondaire à Porto Rico, j'avais presque 18 ans, et ils ont voulu m'incorporer dans leur armée pour aller tuer des Coréens. Mais pourquoi devais-je le faire ? Le peuple coréen n'a pas envahi mon pays.

Je savais qui avait envahi mon pays. Si quelqu'un envahit votre pays, vous le combattez *lui*, non ?

Ils disent qu'ils ne sont pas des terroristes. Ils peuvent tuer, comme ils le font en Irak et en Afghanistan : tuer des enfants et d'autres personnes par milliers. Mais ces bombes-là sont « démocratiques ».

Lorsque nous *nous* défendons, on nous appelle des « terroristes ». Quand Antonio défend son peuple, il est un « terroriste ». Ramón, René, Gerardo, Fernando, ce sont des terroristes parce qu'ils ont empêché que des actes terroristes soient commis contre leur peuple.

Si c'est ça être un terroriste, Seigneur, faites de moi un terroriste toute ma vie. [*Applaudissements et acclamations*]

J'ai oublié de vous dire quelque chose. Batista aussi m'a mis en prison[4].

Bon, si quelqu'un comme Batista, ou Somoza ou Stroessner ou Pinochet, ne vous aime pas, cela signifie que vous faites quelque chose de bien.

Comment les nationalistes ont été libérés

Bon, c'est une campagne internationale qui m'a permis d'être ici, de voir des gens comme vous, une campagne internationale et Cuba. Quand le gouvernement des États-Unis s'est rendu compte que ce n'était pas bon pour lui de nous garder en prison, alors il a été disposé à faire un échange de prisonniers avec Cuba[5]. Mais c'était grâce à des gens comme vous.

Carter disait au monde entier : « Les droits humains ! Nous sommes les champions des droits humains ! » Et les gens disaient : « Mais vous gardez cinq nationalistes en prison. Pourquoi sont-ils emprisonnés depuis si longtemps ? »

Vous savez, nous aurions pu sortir de prison bien avant, quatre ans avant l'échange de prisonniers. Nous sommes sortis de prison le 10 septembre 1979. Au cours des quatre années précédentes, le FBI était venu maintes fois nous voir en prison pour nous offrir la liberté si seulement nous demandions pardon. Lolita Lebrón, Andrés Figueroa Cordero, Irving Flores, Oscar Collazo et moi-même avons tous rejeté cette offre.

Vous savez, nous aussi nous étions cinq, les cinq nationalistes, et maintenant nous avons les Cinq Cubains.

Pourquoi voulaient-ils que nous demandions pardon ou que nous acceptions des conditions ? Parce que nous étions devenus un symbole de la résistance de nos peuples, y compris du Nicaragua, du Salvador, du Guatemala et d'autres pays. Et ils voulaient écraser ce symbole.

Mais nous leur avons dit : « C'est vous qui devriez nous demander pardon. C'est vous qui avez bombardé notre pays, massacré notre peuple. »

La pression internationale était donc forte. Et c'est là que Fidel est arrivé. Quand je dis Fidel, je veux dire Cuba. Parce que si vous cherchez un gouvernement qui représente vraiment le peuple, il y en a un : Cuba.

J'avais 23 ans lorsque j'ai monté les marches du Capitole. Aujourd'hui, j'en ai 82 et je n'ai changé en rien ma façon de penser.

Sauf qu'aujourd'hui je suis peut-être un peu plus révolutionnaire parce que je connais mieux l'ennemi.

Aujourd'hui, c'est nous qui remercions les Cinq Cubains. Nous les remercions pour l'exemple qu'ils nous donnent.

LE 22 OCTOBRE 2012

---

4. Rafael Cancel Miranda a décrit cet événement dans une entrevue publiée dans le numéro du 21 juillet 2006 du quotidien cubain *Granma*, intitulée « J'ai été expulsé par Batista et enlacé par Fidel. » L'entrevue a été reproduite dans le *Militant* du 5 novembre 2012.

5. Le gouvernement révolutionnaire de Cuba avait offert de libérer quatre agents U.S. emprisonnés, y compris un agent avoué de la CIA, Lawrence Lunt, si Washington libérait les quatre nationalistes toujours en prison. C'est ce qu'a fait Cuba en septembre 1979, dix jours après que les révolutionnaires portoricains sont rentrés chez eux.

RAMÓN LABAÑINO : « POUR UN MONDE LIBRE DE LA PEINE DE MORT ET DE LA BARBARIE »

Martín Koppel

Ramón Labañino a envoyé un message, au nom des Cinq Cubains, aux membres de la famille et aux partisans de Troy Davis le 23 septembre 2011 (voir encadré). Deux jours plus tôt, l'État de Géorgie avait exécuté Troy Davis, un Américain africain victime d'un coup monté et accusé du meurtre d'un policier à Savannah, en Géorgie, en 1989.

Aucune preuve matérielle n'a établi un lien entre Troy Davis et le meurtre. Sept des neuf témoins à charge au procès qui n'étaient pas des policiers se sont rétractés par la suite ou ont modifié leur témoignage. Plusieurs ont affirmé que la police avait fait pression sur eux pour qu'ils identifient Troy Davis comme le tueur.

Une vaste campagne internationale a eu lieu contre l'exécution. Elle a permis à Troy Davis d'obtenir plusieurs sursis. Néanmoins, les cours suprêmes de Géorgie et des États-Unis ont refusé d'accorder un nouveau procès et le président Barack Obama a refusé de commuer la sentence.

Frères et soeurs,

Nous avons ressenti durement l'horrible exécution de Troy Davis. C'est une nouvelle injustice terrible qui tache l'histoire de ce pays. Nous nous associons à la douleur de ses parents, amis et frères à travers le monde. Nous avons maintenant une autre cause, un autre drapeau, pour continuer notre combat pour un monde meilleur pour tous, libre de la peine de mort et de la barbarie.

En l'honneur de Troy et de tous les innocents du monde, nous devons continuer, unis, jusqu'à la victoire finale !

Nos plus sincères condoléances.

Cinq accolades fraternelles,

Antonio Guerrero
Fernando González
Gerardo Hernández
René González
Ramón Labañino

À gauche : Troy Davis. **En bas :** Des manifestants à Atlanta demandent la suspension de l'exécution de Troy Davis, le 16 septembre 2011. Troy Davis, victime d'un coup monté pour le meurtre d'un policier en 1989, a été exécuté cinq jours après cette manifestation.

MACEO DIXON/MILITANT

Troy Davis a clamé son innocence jusqu'au bout. La veille de son exécution, il a publié une déclaration affirmant : « La lutte pour la justice ne s'arrête pas avec moi. Cette lutte est pour tous les Troy Davis qui sont venus avant moi et tous ceux qui viendront après. » Son message final a été : « Je demande à mes amis et à ma famille de continuer à mener ce combat. »

« Soldat du silence »

Ramón Labañino est diplômé d'économie à l'Université de La Havane où il s'est également distingué dans un programme universitaire de formation militaire en cinq ans. Il est devenu officier du ministère cubain de l'Intérieur.

Lors d'un entretien accordé en janvier 2012, Ramón Labañino a expliqué que sa mère avait toujours voulu qu'il porte un uniforme militaire cubain. « Bien sûr, je n'ai jamais pu dire à ma mère que son rêve s'était réalisé dès mon jeune âge. J'étais un soldat du silence, sans l'uniforme régulier. J'étais l'un de ceux qui, à cause des exigences imposées par des missions importantes, doivent cacher leur véritable identité afin de travailler pour notre pays. »

Quand il a accepté en 1992 une mission des services de renseignement cubains pour travailler clandestinement aux États-Unis, il n'a pu en parler à sa famille. Son épouse Elizabeth Palmeiro pensait qu'il travaillait pour une entreprise en Espagne. « Je ne savais pas qu'il faisait partie de cette armée anonyme de Cubains qui quittent tout, leur famille, leur emploi, pour travailler pour leur pays et tenter d'empêcher des actions terroristes et violentes contre Cuba, » a-t-elle dit.

Lors d'un entretien accordé en 2005 à la revue cubaine *Bohemia,* elle a expliqué que pendant ces six longues années, des mois ont passé sans recevoir la moindre nouvelle de lui. Et contrairement à d'autres Cubains qui travaillaient à l'étranger pendant la crise économique difficile des années 1990, il n'a jamais envoyé d'argent à la maison pour l'aider un peu. Certains de ses amis, dit-elle, lui conseillaient régulièrement de larguer ce bon à rien égoïste.

Malgré ces incertitudes, a-t-elle dit à la revue, elle n'a jamais cessé de faire confiance à cet « homme terre-à-terre et modeste » qui, durant les pires moments de la période spéciale, ne s'est jamais plaint des pannes d'électricité, du menu frugal servi à table ou de devoir prendre son vélo pour faire n'importe quel déplacement en ville.

Un jour, a-t-elle expliqué, après une longue période sans nouvelles de lui, Ramón est rentré à la maison et, en quelques mots, lui en a dit suffisamment pour dissiper ses doutes. Elizabeth Palmeiro a vite compris les conditions dans lesquelles il opérait, les dangers auxquels il s'exposait et pourquoi il le faisait. Ramón Labañino lui a dit : « Je ne suis pas le seul. Je ne suis ni le premier ni le dernier. Et toi non plus, tu n'es pas la seule femme à faire face à une telle situation. Je laisse le reste à ta compréhension et à ton intelligence. »

Elizabeth Palmeiro a dit que pour elle « cela suffisait. »

Après l'arrestation de Ramón Labañino en septembre 1998, « vingt-sept mois se sont écoulés sans communication entre nous, a-t-elle dit. Comme il n'a pas révélé sa véritable identité jusqu'au début du procès, il ne pouvait pas téléphoner à Cuba. »

À ce procès, Ramón Labañino a été condamné pour « complot en vue de recueillir et transmettre des renseignements concernant la défense nationale à un gouvernement étranger » et pour d'autres charges montées de toutes pièces. Il a été condamné à une peine d'emprisonnement à perpétuité plus 18 ans. En 2009, cette sentence a été réduite à 30 ans après qu'une cour d'appel a déclaré qu'elle allait au-delà des recommandations fédérales en matière de peines (voir l'article à la page 63). Ramón Labañino est actuellement incarcéré dans la prison à sécurité moyenne à Jesup, en Géorgie.

Lors de l'énoncé du verdict en décembre 2001, Ramón Labañino a déclaré au tribunal que face à des décennies d'attaques menées par les forces contre-révolutionnaires appuyées par les États-Unis, « Cuba a le droit élémentaire de se défendre. C'est tout ce que nous avons fait [et] tant que cette politique criminelle contre mon peuple persistera, il continuera d'y avoir des hommes comme nous. »

« Que vous le vouliez ou non, a-t-il dit, Cuba est un pays indépendant et souverain. Il possède son propre gouvernement légitime, son propre président, ses propres martyrs et héros et ses propres convictions. [...]

« Je porterai l'uniforme de prisonnier avec le même honneur et la même fierté qu'un soldat porte ses insignes les plus chers ! »

LE 10 OCTOBRE 2011

POÈTE ET PEINTRE : APPRENDRE À DESSINER EN PRISON

Antonio Guerrero

Dans l'article ci-dessous, Antonio Guerrero raconte comment il a appris à dessiner et à peindre en prison.

Condamné pour complot en vue de recueillir et transmettre de l'information concernant la défense nationale et pour d'autres charges inventées, Antonio Guerrero a été condamné en 2001 à la peine de prison à vie plus dix ans. En octobre 2009, sa peine a été réduite à 21 ans et 10 mois après qu'une cour d'appel a déclaré que les sentences de trois des Cinq Cubains, Antonio Guerrero, Ramón Labañino et Fernando González, allaient au-delà des recommandations fédérales en matière de peines (voir l'article sur l'audition du nouveau verdict à la page 62).

Au moment d'écrire ce récit en 2007, Antonio Guerrero était incarcéré au pénitencier fédéral de Florence au Colorado. En janvier 2012, il a été transféré à l'institut correctionnel fédéral à sécurité moyenne de Marianna en Floride.

Antonio Guerrero est aussi poète. Un recueil de ses poèmes de prison a été publié en anglais et en espagnol sous le titre *From my altitude*. Sous le même titre, une exposition de ses peintures est actuellement en tournée dans plusieurs villes des États-Unis et dans d'autres pays. Des expositions ont été organisées dans plusieurs États U.S. : Washington, Oregon, Californie, Colorado, Texas, Kentucky, Minnesota, Michigan, Maine ; à New York et Washington ainsi qu'à Londres et Glasgow en Écosse.

La traduction de l'espagnol est du *Militant*.

Le 15 novembre 2007 — Au début de 2003, alors que je venais de terminer ma première année d'emprisonnement au pénitencier de Florence au Colorado, j'ai cherché avidement quelque chose qui pourrait m'occuper, loin de l'atmosphère tendue et violente qui régnait dans cette prison.

La poésie avait été une arme efficace pour surmonter les longues périodes de punition injuste dans les cellules du soi-disant « trou » et les périodes de « confinements en cellule » prolongées auxquelles toute la population de la prison est soumise après tout incident violent. Mais au milieu de l'agitation constante propre à la routine « normale » de la prison, ma muse n'arrivait pas à m'inspirer, comme si elle prenait peur et s'enfuyait.

Un beau jour donc, je suis allé à l'« atelier d'artisanat » (département des loisirs) et j'ai trouvé un prisonnier qui donnait des cours de dessin au crayon ; tout le monde y faisait essentiellement des portraits. J'ai surtout été impressionné par le

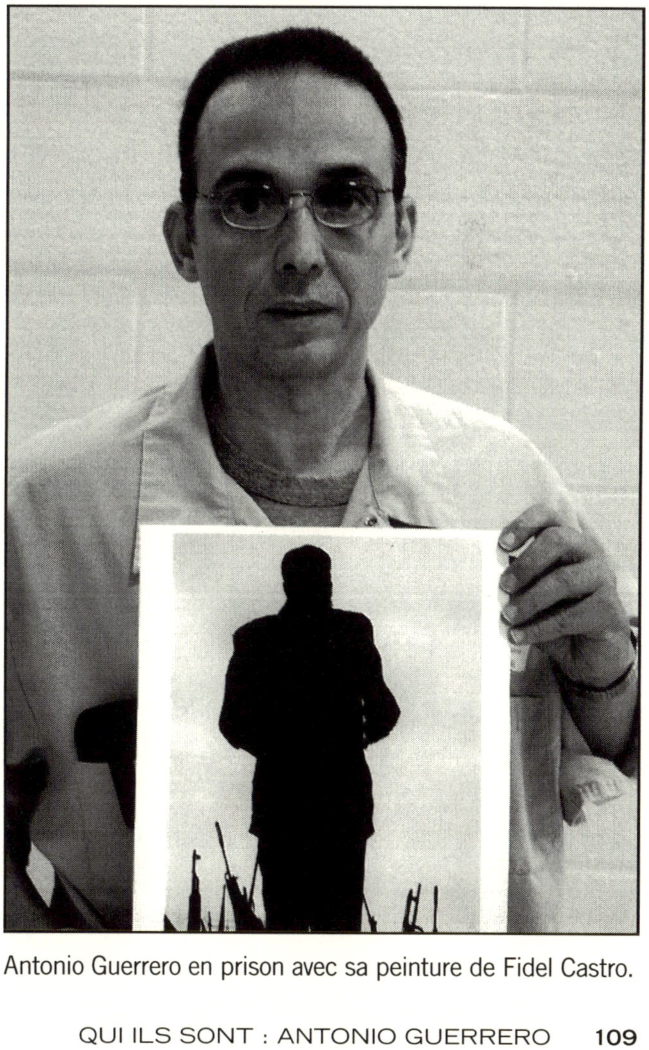

Antonio Guerrero en prison avec sa peinture de Fidel Castro.

travail du professeur et lui ai demandé comment je pourrais participer à son cours. Il s'est avéré que ce prisonnier aimait beaucoup enseigner et que par chance, il était dans ma propre unité de dortoir.

Il m'a donné du matériel et le lendemain j'ai choisi mon premier projet : le portrait de ma mère bien-aimée.

Avant même d'avoir terminé ce premier travail, nous avons été victimes de cette punition soudaine et infâme, isolés dans des cellules au « trou », tous les Cinq dans nos cinq prisons respectives. C'était le résultat de l'application de mesures administratives spéciales (SAM), ordonnée par le procureur général des États-Unis. La solidarité internationale et les réclamations énergiques de nos avocats ont permis de lever cette punition injuste en un mois.

Il s'est trouvé que lorsque je suis retourné à mon dortoir, j'avais « perdu » ma place et ils n'avaient pas de cellule où me mettre. J'ai remarqué que le détenu qui donnait des cours de dessin était seul dans sa cellule et j'ai dit au gardien : Mettez-moi avec lui. Il était surpris car ce prisonnier est noir, ce qu'ils appellent ici un afro-américain et ici il est rare (et ce n'est pas accepté non plus par les prisonniers) que des prisonniers de races ou de groupes (ou de gangs) différents vivent ensemble.

Comme je l'espérais, André m'a accepté dans sa cellule. Pendant notre cohabitation, mon intérêt pour le dessin a grandi et nous sommes devenus de bons amis.

Chaque jour je consacrais plusieurs heures au dessin. Il a fallu que le professeur m'aide pour mes cinq premiers travaux. Mais je me souviens que nous avons été en confinement général pendant près d'un mois et André m'a dit : « Maintenant tu vas faire des portraits tout seul. » Et c'était pendant ce confinement que j'ai fait, seul, des portraits de José Martí et de Cintio Vitier. Quand j'ai terminé, j'ai réalisé que je pourrais maintenant continuer mon parcours de manière indépendante. C'était le bon moment car on a transféré André dans un autre pénitencier en Californie dès que ce confinement général a été levé.

Un Amérindien, emprisonné lui aussi dans mon unité, a pris la place d'André comme professeur. Nous sommes aussi devenus de bons amis. Chaque soir nous travaillions ensemble sur différents projets. La combinaison des enseignements d'André et du nouveau professeur m'a permis de créer ma propre méthode de travail.

Parfois je pouvais terminer un portrait en une journée. À ce jour, j'ai réalisé plus de 100 travaux au crayon.

En 2005, j'ai rencontré un prisonnier qui m'a proposé de m'enseigner la calligraphie. Ça m'intéressait parce que je voulais écrire au propre tous les poèmes que j'avais rédigés pendant ces années d'incarcération. J'ai acquis quelques matériaux essentiels mais je me suis rendu compte que les peintures à l'eau que j'utilisais comme encre n'étaient ni bonnes ni en quantité suffisante. En cherchant quelque chose qui pourrait remplacer l'encre (dont on n'autorise pas la vente), un ensemble de tubes de peinture d'aquarelle d'un autre prisonnier m'est tombé dans les mains. Mais les utiliser pour la calligraphie s'est révélé un nouveau désastre et je me suis demandé : « Et maintenant qu'est-ce que je peux faire de tout ça ? » J'ai décidé de les essayer sur de petites toiles. Personne ici ne peignait avec cette technique, je pouvais donc compter seulement sur l'aide de quelques livres que j'avais acquis avec la peinture. Petit à petit, j'ai pris confiance dans mes touches avec les pinceaux que j'avais et j'ai commencé à me fixer des objectifs plus ambitieux.

La couleur a donné une nouvelle vie à mes créations. J'aimais peindre. Je terminais désormais chaque toile en un ou deux jours.

Avec l'aide de Cindy O'Hara, une grande amie de Cuba et des Cinq, qui m'a envoyé des livres et des photos, j'ai pu terminer deux projets intéressants à l'aquarelle : les oiseaux endémiques à Cuba et les espèces d'aras. D'autres amis solidaires aux États-Unis, comme l'infatigable Priscilla Felia, m'ont envoyé des livres qui ont été très utiles pour mon apprentissage autodidacte de cette technique ainsi que d'autres.

Fin 2005, un prisonnier est arrivé de Marion en Illinois et a commencé à me montrer des photos de travaux au pastel impressionnants. Ils l'ont mis dans mon dortoir et tout de suite je me suis intéressé à cette nouvelle technique. J'ai acquis de nouveaux matériaux selon ses instructions. Il était très disposé à me l'enseigner mais peu après il a eu des problèmes et a été mis au « trou ». Il n'est jamais retourné dans la population générale.

Une fois de plus je me suis demandé quoi faire avec le matériel de peinture que j'avais acquis et une fois de plus je me suis tourné vers les livres pour me plonger dans une technique que je ne connaissais pas. J'ai décidé que ma première oeuvre au pastel serait un portrait du Che et par la suite j'ai entrepris un projet de 14 portraits des personnages les plus importants de notre histoire. J'ai continué sans interruption à utiliser le pastel dans mes créations. Ma plus récente création avec cette technique est un ensemble de nus par lesquels j'étudie la forme humaine et les différentes teintes de peau sous l'effet de la lumière et de l'ombre.

Il y a tout juste deux mois, toujours en autodidacte, j'ai abordé la peinture acrylique en utilisant un pistolet à air comprimé (en anglais on appelle cette technique « *airbrushing* »).

Et je ne pouvais pas manquer de m'intéresser à la peinture à l'huile. Ici ils n'autorisent qu'un type de peinture à l'huile qui est soluble dans l'eau et bien que ce ne soit pas de la peinture traditionnelle, elle est assez similaire dans son utilisation et ses résultats. Jusqu'à maintenant j'ai créé cinq oeuvres avec cette technique.

Sans aucun plan ni guide précis, je crois que le fait de commencer avec des portraits au crayon puis de passer à la peinture à l'eau, aux pastels et enfin à la peinture à l'huile, était le bon cheminement. Évidemment, il a manqué à toutes ces oeuvres l'aide professionnelle que donnerait

Détail d'une oeuvre d'Antonio Guerrero, peinte à la prison fédérale de Florence au Colorado.

NATALIE MORRISON/MILITANT

Minneapolis : Les étudiants de l'école secondaire North High School regardent une exposition d'oeuvres d'art d'Antonio Guerrero à la galerie Homewood Studios, au coeur de la communauté noire. Les oeuvres d'Antonio Guerrero ont été présentées dans tout le pays.

une école d'art ou un professeur ayant une véritable connaissance des arts plastiques.

Ce qui est le plus important, je crois, c'est d'avoir vaincu l'incarcération grâce à une activité saine et utile comme les arts plastiques. Chaque oeuvre exprime non seulement l'essence de mon humanité mais de celle des Cinq, unis par des principes inébranlables.

Le peu que j'ai appris, je le transmets sans égoïsme à d'autres prisonniers, parfois avec une grande patience. « La vérité aime l'art, » a dit José Martí et dans nos coeurs règne la vérité, forgée d'amour et d'engagement envers la cause juste de notre peuple héroïque : voilà ce qui me motive pour chacune de mes oeuvres !

LE 23 AOÛT 2010

« EN PRISON, J'AI VU L'ESPRIT DE RÉSISTANCE DE FERNANDO »

Carlos Alberto Torres

L'hommage suivant à Fernando González a été rendu par Carlos Alberto Torres, un combattant de longue date pour l'indépendance de Porto Rico et lui-même ancien prisonnier politique. Carlos Alberto Torres prenait la parole devant une réunion dans la ville de San Juan à Porto Rico le 29 octobre 2010, organisée par le Comité portoricain pour la solidarité avec Cuba dans le but de réclamer la libération de tous les prisonniers indépendantistes portoricains ainsi que des Cinq Cubains.

En mars 2012, Carlos Alberto Torres a fait campagne à New York pour la libération de trois combattants indépendantistes portoricains actuellement enfermés dans des prisons U.S. : Oscar López Rivera, qui a déjà purgé 31 ans ; Avelino González Claudio, incarcéré depuis 2008, et Norberto González Claudio, en prison depuis 2011.

En parlant avec les correspondants du *Militant* lors de sa visite à New York, Carlos Alberto Torres a noté qu'il avait partagé ses cinq années à la prison fédérale d'Oxford, dans le Wisconsin, avec Fernando González, qu'il a qualifié d'« inébranlable ». Carlos Alberto Torres a également rencontré la mère de Fernando González, Magali Llort, et son épouse Rosa Aurora Freijanes, lors de leurs visites à Oxford, et il a exprimé son admiration pour leur « incroyable » détermination et dignité.

En 2007, Fernando González a été transféré à la prison fédérale de Terre Haute, en Indiana, où il a fait la connaissance d'un autre détenu, Oscar López. Il est actuellement détenu à la prison fédérale à sécurité minimale de Safford, en Arizona.

Carlos Alberto Torres, âgé de 59 ans, a été remis en liberté conditionnelle en juillet 2010 après avoir purgé 30 années d'une peine de 78 ans dans les prisons fédérales, pour « conspiration séditieuse » et autres accusations fabriquées. Il a été l'un des prisonniers politiques détenus le plus longtemps dans le monde.

Interrogé par les étudiants du collège communautaire Hostos, qui voulaient savoir s'il avait l'impression d'avoir gâché sa vie en prison, Carlos Alberto Torres a répondu : « Non, pour moi, c'était tout simplement un autre endroit où accomplir mon travail politique. Je n'ai jamais cessé de faire partie de la lutte. J'ai pu élever la conscience des autres prisonniers. » Il a dit qu'il ne regrettait pas ces années-là « parce que ça faisait partie de ma responsabilité dans la lutte pour ma patrie. »

Les conditions de sa libération conditionnelle interdisent à Carlos Alberto Torres de « s'associer à » toute personne ayant déjà été condamnée pour un crime, y compris d'anciens prisonniers politiques. Ses voyages doivent être approuvés par les autorités de libération conditionnelle. Au cours de sa tournée de conférences à New York, par exemple, il n'a pas pu participer à un événement aux côtés de son compagnon de lutte Ricardo Jiménez, combattant indépendantiste libéré de prison en 1999 et qui a purgé sa libération conditionnelle.

Cependant ces restrictions n'ont pas empêché Torres de parler partout où il a pu. L'an dernier, il s'est rendu dans plusieurs villes de l'Illinois, de la Californie, de l'Oregon, de l'État de Washington et du Tennessee. Carlos Alberto Torres, qui a appris la peinture et la céramique tout seul en prison, travaille aujourd'hui comme artiste céramiste dans la ville de Camuy, à Porto Rico.

Le document a été traduit par le *Militant*.

Bonsoir, *compañeros* et *compañeras*,

En 2002, à la prison fédérale d'Oxford dans le Wisconsin, alors que je peignais une oeuvre à l'huile appelée *Résurrection*, un autre détenu m'a dit que l'un des cinq prisonniers politiques cubains était arrivé. C'était Fernando González Llort. Les autorités pénitentiaires l'appelaient « Rubén Campa, » un pseudonyme que Fernando avait utilisé avant son arrestation.

Après avoir appris à le connaître et suite à quelques brèves conversations, il m'a dit qu'il s'appelait Fernando, pas Rubén. Il a dit, sans aucun signe d'agacement, que les fonctionnaires pénitentiaires savaient cela mais ne l'avaient pas corrigé, peut-être par indifférence bureaucratique.

Ça me semblait presque amusant que ce Cubain, si réservé et prudent, toujours respectueux et convenable, se préoccupe si peu de se faire appeler par un mauvais nom. J'ai aussi utilisé un pseudonyme pendant les années que j'ai passées dans la clandestinité et je me suis souvenu qu'après mon arrestation en 1980 c'était en fait une sorte de soulagement que de pouvoir utiliser mon vrai nom à nouveau.

NATIONAL BORICUA HUMAN RIGHTS NETWORK

Les partisans de Carlos Alberto Torres (en chemise noire) l'accueillent à son arrivée à San Juan à Porto Rico en juillet 2010 après avoir passé 30 ans dans les prisons U.S. à cause de ses activités en faveur de l'indépendance de Porto Rico.

Le fait que le nom par lequel on l'appelait semblait laisser Fernando indifférent est un détail qui illustre un aspect important de la personne que ses expériences ont forgée. Les définitions imposées par l'administration pénitentiaire n'avaient pas d'importance pour lui parce que cela n'avait rien à voir avec ce qu'il était. Il a maintenu un mur entre eux et lui. Même dans ces circonstances, tout ce qui lui importait, c'était de savoir comment il se définissait lui-même. Lui et moi étions entièrement d'accord sur ce point.

Au fil du temps, nous avons appris à nous connaître davantage et à mieux nous comprendre mutuellement. J'ai appris quelque chose de l'arrestation des Cinq Cubains. Bien que je ne connaissais pas les détails des accusations portées contre eux ni les peines que le tribunal fédéral avaient imposées à Fernando, Ramón, René, Antonio et Gerardo, il était facile d'imaginer la duplicité et l'injustice derrière leur emprisonnement. Je ne connaissais pas non plus les abus et l'isolement que les cinq patriotes cubains avaient subis depuis leur arrestation, mais je pouvais me les imaginer.

Devant moi, j'avais un homme honnête et engagé, avec une conscience politique profonde. Malgré les difficultés qu'il avait traversées et malgré sa situation, il ne démontrait aucune amertume. Il était fier d'accomplir son devoir pour Cuba, son peuple et sa patrie. Je n'ai aucun doute que les cinq héros cubains, des défenseurs de la sécurité de leur pays et de leur peuple, sont des hommes d'une droiture exceptionnelle et d'un engagement indéfectible. Les Cinq ont été punis à cause de la haine que porte le gouvernement U.S. envers la révolution cubaine. Jusqu'à ce que je rencontre Fernando, je pensais que ce genre de mauvais traitements n'était réservé qu'aux prisonniers politiques portoricains.

Nous avons partagé plusieurs choses au fil du temps. Rares ont été les fois où Fernando ne m'accompagnait pas pour marcher dans la cour de la prison. Ces promenades sont devenues un moment pour parler de tout : des souvenirs personnels, des débats houleux, des plaisanteries qui parfois finissaient en blagues ou en souvenirs de copines de notre jeunesse.

Pendant les années de prison que nous avons passées au Wisconsin, je pense que nous avons appris à nous connaître comme deux individus qui luttaient pour leur patrie et qui se sacrifiaient pour elle aussi. Je crois que nous en sommes venus à la conclusion que les luttes pour l'indépendance de nos deux pays étaient profondément liées. Nous nous battons toujours pour gagner l'indépendance de Porto Rico et Cuba se bat pour protéger et préserver la sienne. Il y a un dicton qui dit : Cuba et Porto Rico sont des pétales d'une même fleur, des îles soeurs avec une longue histoire de luttes communes. Là, dans la prison d'Oxford au Wisconsin, ce dicton a revécu en chair et en os.

J'ai appris plus de détails sur le procès injuste qui a maintenu les cinq héros cubains enfermés en prison. J'ai appris à mieux connaître le caractère et l'esprit de résistance à l'injustice démontrés par Gerardo, Ramón, Antonio, René et Fernando. Et j'ai pu voir la volonté de se battre et l'amour qui animaient leurs familles.

Je dois dire quelque chose à propos de ce que signifie le soutien des membres de la famille, des amis et des *compañeros* lorsque vous êtes en prison. Cet appui est absolument indispensable. Il nous supporte, il nous donne de la force lorsque nous sentons le poids de l'emprisonnement. L'amour et l'engagement de nos proches nous aident à remettre les choses en perspective quand les conditions carcérales nous atteignent tellement que nous en perdons de vue notre objectif. Il n'est pas possible d'exprimer avec des mots toute l'importance des visites et des contacts avec nos proches.

Nos geôliers le savent aussi. Pour eux, les contacts et les visites avec nos familles peuvent devenir des armes qu'ils peuvent retourner contre nous. Pour les prisonniers politiques portoricains, et plus tard pour les cinq prisonniers politiques cubains également, l'une des tactiques utilisées pour nous attaquer a été de refuser ou d'interférer avec les contacts ou les visites de nos proches. Ils les harcèlent ou interdisent leurs visites. Nous ne devrions donc pas être surpris de voir que, tant dans le cas d'Oscar et d'Avelino que dans celui de Gerardo, Ramón, René, Antonio et Fernando, la tactique d'interférer avec les visites des familles devient une matraque pour les briser.

Malgré les nombreuses restrictions et limitations, j'ai eu l'honneur et le plaisir de rencontrer la mère et l'épouse de Fernando. Ce sont des êtres humains bons, des travailleuses infatigables et dévouées. Non seulement font-elles tout ce qu'elles peuvent pour ramener au pays Fernando et ses *compañeros*. Ce sont aussi des combattantes qui défendent leur peuple avec un solide sens de l'engagement et des responsabilités. Bien que je n'aie pas rencontré personnellement les membres des familles des autres prisonniers politiques cubains, je sais qu'eux aussi les soutiennent et se battent pour eux, peu importe les restrictions que les geôliers tentent d'imposer. Ces mêmes liens familiaux étroits sont quelque chose que nos patriotes Oscar et Avelino ont également partagés.

Aujourd'hui, Cuba et Porto Rico ont tous deux des patriotes derrière les barreaux des prisons fédérales U.S. Nous avons le même ennemi, le même geôlier. Le même zombie, pour utiliser un terme haïtien, qui veut enterrer Oscar et Avelino vivants dans les profondeurs de la prison, essaie également d'enterrer Fernando, Gerardo, Ramón, Antonio et René.

Dans cette bataille pour gagner la liberté de nos patriotes, qui sera comme une renaissance, une résurrection pour eux lorsqu'ils seront de retour à la maison, les deux peuples peuvent se soutenir mutuellement et lutter ensemble en solidarité jusqu'à ce qu'Oscar et Avelino soient rapatriés chez nous et jusqu'à ce que Fernando, René, Gerardo, Ramón et Antonio soient retournés dans leurs foyers à Cuba.

LE 30 AVRIL 2012

Actions de soutien à travers l'Asie-Pacifique

En haut : Protestation pour la libération des Cinq Cubains devant l'ambassade des États-Unis à Colombo au Sri Lanka, le 26 juillet 2011.

En bas : Manifestation devant l'ambassade des États-Unis à Séoul en Corée du Sud, le 12 septembre 2008.

VOIX DE SOUTIEN DANS LA RÉGION

AUSTRALIE : Syndicat de la construction, de la forêt, des mines et de l'énergie ; Syndicat maritime de l'Australie • **INDE :** V.R. Krishna Iyer, président de l'Association indienne des avocats ; Fédération des étudiants de toute l'Inde • **JAPON :** Association des avocats démocratiques du Japon ; Association de solidarité internationale des avocats du Japon • **LAOS :** la vice-présidente Bounnhang Vorachit ; Chaleune Yiapahoeu, ministre de la Justice • **MONGOLIE :** Khamba Lama Choijiljav Dambajav, vice-président de la Fraternité mondiale des bouddhistes • **NOUVELLE-ZÉLANDE :** Peter Conway, secrétaire du Conseil des syndicats de Nouvelle-Zélande • **PHILIPPINES :** Mouvement syndical du premier mai ; le Syndicat national des avocats du peuple • **SRI LANKA :** Upali Tissa Vitarana, ministre de la Science et de la technologie ; Dinesh Gunawardena, ministre de l'Approvisionnement en eau et du drainage • **VIETNAM :** Huynh Ngoc Son et Nguyen Thi Kim Ngan, vice-présidents de l'Assemblée nationale.

En haut : Après l'ascension du mont Ramelau, le plus haut sommet du Timor oriental, en soutien aux Cinq Cubains, en juin 2012. Parmi les randonneurs se trouvaient des étudiants en médecine timorais formés à Cuba et des médecins cubains en service au Timor oriental.

À gauche : Manifestation à Perth en Australie pour la libération des Cinq Cubains, le 12 septembre 2011, à l'occasion du treizième anniversaire de leur arrestation.

Parmi les Voix du Soutien

Plus de 350 comités dans 114 pays, des centaines de partis politiques et des milliers d'individus dans le monde travaillent à obtenir la liberté pour les Cinq Cubains. Voici une liste de quelques-unes des organisations, institutions et personnalités de premier plan qui se sont prononcées contre leur emprisonnement.

ÉTATS-UNIS

Organisations juridiques

Association des avocats de défense criminelle de Floride
Association nationale des avocats de défense criminelle
Conférence nationale des avocats noirs
Faculté de Droit de l'université Howard, clinique des droits civils
Guilde nationale des avocats
Projet national sur les jurés

Syndicats et syndicalistes

Fédération américaine des employés d'États, des comtés et des municipalités, section locale 372 (New-York)
Conseil du travail de San Francisco
Fédération américaine des enseignants, section locale 2121 (San Francisco)
Syndicat international des dockers et manutentionnaires, section locale 10 (San Francisco)
Syndicat international des employés des services, Travailleurs unis des services, région ouest
Dolores Huerta, vice-présidente et fondatrice, Travailleurs agricoles unis d'Amérique

Personnalités et organisations religieuses

Conseil national des Églises
Fondation interreligieuse pour l'organisation communautaire
Thomas Gumbleton, ancien évêque, Détroit
Révérend Earl Kooperkamp, recteur, église épiscopale de Sainte-Marie (New-York)

Personnalités et organismes gouvernementaux

Conseil municipal de Berkeley, Californie
Conseil municipal de Détroit, Michigan
Conseil municipal de Richmond, Californie
Conseil municipal de San Pablo, Californie
Ramsey Clark, ancien procureur général des États-Unis
Cynthia McKinney, ancienne membre du Congrès des États-Unis
Kurt Schmoke, doyen de la faculté de Droit de l'université Howard ; ancien maire de Baltimore
Wayne Smith, ancien chef de la section des intérêts des États-Unis à La Havane
Esteban Torres, ancien membre du Congrès des États-Unis
Colonel Lawrence Wilkerson (à la retraite), ancien chef de cabinet du secrétaire d'État Colin Powell

Organisations

Alianza Martiana (Miami)
Association politique mexicano-américaine
Congrès national latino
Conseil des affaires hémisphériques

Artistes et écrivains

Edward Asner, acteur
Harry Belafonte, acteur
Mike Farrell, acteur
Danny Glover, acteur
Saul Landau, cinéaste
Graham Nash, musicien
Bonnie Raitt, musicienne
Susan Sarandon, actrice
Martin Sheen, acteur
Oliver Stone, réalisateur
Gore Vidal, écrivain
Alice Walker, écrivaine

POUR PLUS D'INFORMATION

www.thecuban5.org
Comité international pour la libération des Cinq Cubains

www.freethefive.org
Comité national pour la liberté des Cinq Cubains

www.francecuba.org
Association France-Cuba

www.les5.org

www.granma.cubaweb.cu/miami5/index.html
Le quotidien *Granma*

www.antiterroristas.com

DANS LE MONDE

Organisations

Association américaine des juristes
Association internationale des avocats démocratiques
Association nationale des avocats démocratiques d'Afrique du Sud
Association nationale du barreau de Panama
Association du barreau de Porto Rico
Fédération canadienne des étudiants
Fédération des étudiants de l'université du Chili
Fédération ibéro-américaine des protecteurs du citoyen
Fédération internationale des droits de l'homme
Fédération latino-américaine des journalistes
Fédération mondiale de la jeunesse démocratique
Mères de la place de Mai en Argentine
Ordre des avocats du Brésil

Syndicats et syndicalistes

Association des travailleurs de l'État (Argentine)
Centrale ouvrière de Bolivie (COB)
Congrès des syndicats (Royaume-Uni)
Congrès des syndicats sud-africains (COSATU)
Fédération nationale des associations et organisations des employés de la fonction publique (Panama)
Fédération nationale des enseignants (Norvège, région de Vesterålen)
Fédération syndicale mondiale (FSM)
Intersyndicale plénière des travailleurs-Confédération nationale des travailleurs (Uruguay)
Syndicat canadien de la fonction publique
Syndicat des travailleurs et travailleuses des postes (Canada)
Syndicat des travailleurs du pétrole (Trinité-et-Tobago)
Unite (Royaume-Uni)
Syndicat des métallos (Canada)
Travailleurs unis de l'alimentation et du commerce (Canada)
Ken Georgetti, président du Congrès du travail du Canada
Conseil confédéral de la Confédération des syndicats nationaux (Québec)

Parlements

Argentine, Chambre des députés
Bolivie, Sénat et Chambre des députés
Brésil, Chambre des députés
Mali, Assemblée nationale
Mexique, Sénat et Chambre des députés
Namibie, Assemblée nationale
Nicaragua, Assemblée nationale
Paraguay, Chambre des députés
Pérou, Congrès
République dominicaine, Sénat et Chambre des députés
Russie, Douma d'État
Venezuela, Assemblée nationale
Parlement latino-américain
Parlement du Mercosur

Groupes parlementaires et personnalités

Afrique du Sud, Assemblée nationale (président)
Allemagne, Bundestag (65 membres)

Rassemblement à Vancouver au Canada pour la libération des Cinq Cubains, en octobre 2007.

Belgique, Parlement de Flandre (35 membres)
Canada, Parlement (56 membres)
Chili, Sénat (Commission des droits de l'homme)
Irlande, Parlement (55 membres)
Italie, Sénat (39 membres)
Panama, Assemblée nationale (président et vice-président)
Royaume-Uni, Parlement (112 membres)
Suisse, Assemblée fédérale (48 membres)
Turquie, Grande assemblée nationale (groupe parlementaire d'amitié avec Cuba)
Parlement européen (75 membres)
Union interparlementaire (50 membres)
Miguel D'Escoto, ancien président de l'Assemblée générale des Nations unies

Groupes religieux et personnalités

Chambre des évêques anglicans d'Équateur
Comité oecuménique du Panama
Conseil latino-américain des Églises
Conseil sud-africain des Églises
Père Geoffrey Bottoms (Royaume-Uni)
Père Ernesto Cardenal (Nicaragua)
Khamba Lama Choijiljav Dambajav, vice-président de la Fraternité mondiale des bouddhistes

Prix Nobel

Zhores Alferov (Russie)
Máiread Corrigan Maguire (Irlande)
Darío Fo (Italie)
Nadine Gordimer (Afrique du Sud)
Günter Grass (Allemagne)
Rigoberta Menchú (Guatemala)
Adolfo Pérez Esquivel (Argentine)
Harold Pinter (Royaume-Uni)
José Ramos-Horta (Timor oriental)
José Saramago (Portugal)
Wole Soyinka (Nigeria)
Archevêque Desmond Tutu (Afrique du Sud)

La révolution cubaine

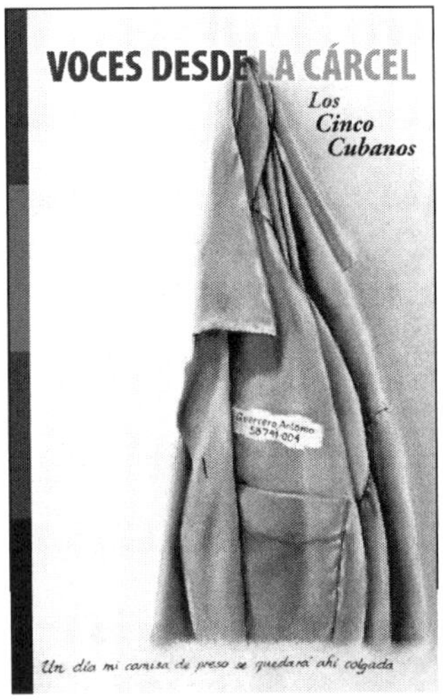

Voix de la prison : les Cinq Cubains

L'intégrité, la force et l'humanité révolutionnaires des Cinq ressortent des voix entendues ici, ainsi avant tout que le respect qu'ils ont gagné auprès des autres prisonniers. Et pourquoi la même chose se produit parmi les travailleurs de partout qui ont subi dans leurs propres vies les effets de la « justice » capitaliste. En anglais et en espagnol. 7 $ US

« Je mourrai comme j'ai vécu »

15 aquarelles d'Antonio Guerrero, peintes à l'occasion du 15e anniversaire de l'incarcération des Cinq Cubains.

Ces 15 toiles décrivent de manière frappante les 17 mois passés par les Cinq Cubains dans le « trou » du Centre de détention fédéral de Miami à la suite de leur arrestation en 1998. Cette fenêtre permet aux travailleurs de partout de s'identifier avec les batailles menées par les Cinq et d'apprécier non seulement leur intégrité, leur courage et leur créativité, mais aussi leur sens d'humour. En anglais et en espagnol. 7 $ US

Cuba et la révolution américaine à venir

JACK BARNES

Ce livre porte sur les perspectives d'une révolution aux États-Unis, où les capacités politiques des travailleurs et des agriculteurs sont aujourd'hui aussi totalement ignorées par les puissances dirigeantes que celles des travailleurs et des paysans cubains. Il porte sur l'exemple donné par le peuple cubain que la révolution est non seulement nécessaire, mais possible. 10 $ US. Aussi en anglais et en espagnol.

Le socialisme et l'homme à Cuba

ERNESTO CHE GUEVARA, FIDEL CASTRO

S'appuyant sur son expérience de dirigeant central de la révolution cubaine, Che Guevara explique pourquoi la transformation révolutionnaire des relations sociales implique nécessairement la transformation des travailleurs qui organisent et dirigent ce processus. « Pour construire le communisme, il faut développer l'homme nouveau en même temps que la base matérielle. » Contient aussi le discours prononcé à l'occasion du vingtième anniversaire de la mort de Che Guevara par le président cubain Fidel Castro. 7 $ US. Aussi en anglais et en espagnol.

et la politique mondiale

Cuba et l'Angola

Lutter pour la libération de l'Afrique et la nôtre

FIDEL CASTRO, RAÚL CASTRO, NELSON MANDELA ET AUTRES

La défaite de l'armée du régime de l'apartheid en Afrique du Sud il y a 25 ans à Cuito Cuanavale en Angola a été, selon les paroles de Nelson Mandela, « un jalon dans l'histoire de la lutte pour la libération de l'Afrique australe. » Dans ce livre, cette histoire est racontée par ceux qui l'ont vécue et qui l'ont faite — ce qui comprend les récits de trois des Cinq Cubains qui ont combattu en Angola. En anglais et en espagnol. 12 $ US

Quel chemin nous, les esclaves, avons-nous franchi !

NELSON MANDELA, FIDEL CASTRO

Prenant ensemble la parole à Cuba en 1991, Nelson Mandela et Fidel Castro discutent de la place dans l'histoire de l'Afrique de la victoire remportée par Cuba et l'Angola contre l'invasion de l'Angola par l'armée sud-africaine, soutenue par Washington, ainsi que de l'accélération qui s'en est suivie de la lutte pour renverser le système raciste de l'apartheid. En anglais et en espagnol. 10 $ US

Défendre Cuba, défendre la révolution socialiste à Cuba

MARY-ALICE WATERS

Face aux plus grandes difficultés économiques dans l'histoire de la révolution, les travailleurs et les agriculteurs de Cuba ont défendu dans les années 1990 leur pouvoir politique, leur indépendance, leur souveraineté et le cours historique qu'ils ont initié au début des années 1960. Dans *Nouvelle Internationale* n° 5. 17 $ US. Aussi en anglais et en espagnol.

Che Guevara : l'économie et la politique dans la transition au socialisme

CARLOS TABLADA

Puisant abondamment dans les écrits et les discours de Che Guevara sur la construction du socialisme, ce livre examine les relations entre le marché, la planification économique, les stimulants matériels et le travail volontaire. Il explique pourquoi le profit et les autres catégories capitalistes ne peuvent servir à mesurer les progrès accomplis dans la transition au socialisme. 21 $ US. Aussi en anglais et en espagnol.

« L’une des façons de juger notre révolution dans les années à venir, ce sera à quel point nous avons réussi à résoudre les problèmes auxquels les femmes sont confrontées. »

FIDEL CASTRO, 1974

Lorsque le peuple travailleur de Cuba s’est battu pour renverser une tyrannie sanglante dans les années 1950, l’intégration sans précédent des femmes dans les rangs et dans la direction de la lutte n’a pas été une aberration. Dès le début, celle-ci a été étroitement liée au cours prolétarien de la direction de la révolution cubaine.

Les femmes à Cuba : faire une révolution au sein de la révolution est l’histoire de cette révolution et comment elle a transformé les femmes et les hommes qui l’ont effectuée. Le livre a été présenté à la Foire internationale du livre de La Havane en 2012 par un panel de conférencières de Cuba et des États-Unis.

Les femmes et la révolution : l’exemple vivant de la révolution cubaine contient les présentations faites lors de cet événement. Les deux titres sont disponibles en anglais et en espagnol.

Les femmes à Cuba
Faire une révolution au sein de la révolution

Vilma Espín
Asela de los Santos
Yolanda Ferrer
20 $ US

Les femmes et la révolution
L’exemple vivant de la révolution cubaine

Asela de los Santos
Mary-Alice Waters
7 $ US

WWW.PATHFINDERPRESS.COM

de Pathfinder

MALCOLM X, LA LIBÉRATION DES NOIRS ET LA VOIE VERS LE POUVOIR OUVRIER

Jack Barnes

« Ne commencez pas avec les Noirs en tant que nationalité opprimée. Commencez avec la place et le poids d'avant-garde des travailleurs qui sont noirs dans les grandes luttes politiques et sociales dirigées par le prolétariat aux États-Unis. De la guerre civile à aujourd'hui, le bilan est ahurissant. C'est la force et la résistance qui vous sidèrent, pas l'oppression. » JACK BARNES

Tirant les leçons d'un siècle et demi de lutte, ce livre nous aide à comprendre pourquoi c'est la conquête révolutionnaire du pouvoir par la classe ouvrière qui rendra possible la bataille finale pour la libération des Noirs — et ouvrira la voie à un monde basé non pas sur l'exploitation, la violence et le racisme, mais sur la solidarité humaine. Un monde socialiste. 20 $ US. Aussi en anglais et en espagnol.

À lire en complément à

LE VISAGE CHANGEANT DE LA POLITIQUE AUX ÉTATS-UNIS

La politique ouvrière et les syndicats

Jack Barnes

Un guide pour les travailleurs qui cherchent à construire le genre de parti nécessaire pour nous préparer aux batailles de classe qui viennent, dans lesquelles nous nous révolutionnerons, révolutionnerons nos syndicats et révolutionnerons toute la société. 24 $ US. Aussi en anglais, espagnol et suédois.

UNE RÉVOLUTION SOCIALISTE EST-ELLE POSSIBLE AUX ÉTATS-UNIS ?

Mary-Alice Waters

Dans deux présentations faites au Salon du livre international du Venezuela en 2007 et 2008, Mary-Alice Waters explique pourquoi une révolution socialiste est possible aux États-Unis. Et pourquoi les travailleurs mèneront inévitablement des luttes révolutionnaires, que les classes possédantes nous obligeront à livrer en s'attaquant à nous sous la pression de la crise. Alors que la solidarité s'approfondit parmi une avant-garde ouvrière combative, on peut déjà entrevoir les contours des batailles de classe qui viennent. 7 $ US. Aussi en anglais, espagnol et suédois.

Élargissez votre bibliothèque révolutionnaire

Le Manifeste communiste

KARL MARX,
FRIEDRICH ENGELS

Le document fondateur du mouvement ouvrier moderne, publié en 1848. Il explique pourquoi le communisme ne découle pas de principes préconçus, mais de la ligne de marche de la classe ouvrière vers le pouvoir, un mouvement généré par « une lutte de classe existante, un mouvement historique qui s'opère sous nos yeux. » 5 $ US. Aussi en anglais, espagnol et arabe.

La révolution socialiste et la lutte de libération des femmes

Résolution du Parti socialiste des travailleurs (SWP)

Ce document explique la place centrale et le poids de la lutte de libération des femmes dans la ligne de marche de la classe ouvrière vers le socialisme. Le produit d'une discussion et d'un débat international, cette résolution incorpore les expériences de lutte de plusieurs pays. 7 $ US

Le long hiver chaud du capitalisme a commencé

JACK BARNES

La dépression capitaliste mondiale qui s'accélère aujourd'hui — les premières étapes de ce qui sera des décennies de convulsions économiques, financières et sociales, et de batailles de classe — s'accompagne de la poursuite du plus important changement dans la politique et dans l'organisation militaires de Washington depuis l'escalade U.S. qui a conduit à la deuxième guerre mondiale. Les travailleurs ayant un esprit de lutte de classe doivent faire face à ce point tournant de l'impérialisme et prendre plaisir à projeter avec audace un cours révolutionnaire pour l'affronter. *Nouvelle Internationale* n° 7. 16 $ US. Aussi en anglais, espagnol, suédois et arabe.

Notre politique commence avec le monde

JACK BARNES

Le fonctionnement du capitalisme engendre, reproduit et accentue les énormes inégalités économiques et culturelles qui existent entre les pays impérialistes et semi-coloniaux, et entre les classes de presque tous les pays. Pour que les travailleurs d'avant-garde puissent construire des partis capables de diriger une lutte révolutionnaire victorieuse dans nos propres pays, dit Jack Barnes, nous devons guider notre activité avec une stratégie visant à combler cet écart. *Nouvelle Internationale* n° 8. 14 $ US. Aussi en anglais, espagnol et suédois.

La classe ouvrière et la transformation de l'éducation

L'imposture de la réforme de l'école sous le capitalisme

JACK BARNES

« Jusqu'à ce que la société soit réorganisée de façon à ce que l'éducation soit une activité humaine de notre prime jeunesse à notre mort, il n'y aura pas d'éducation digne de l'humanité travailleuse et créatrice. » 3 $ US. Aussi en anglais, espagnol, farsi, grec, islandais et suédois.

Malcolm X parle aux jeunes

« La jeune génération de blancs, de Noirs, de bruns, de n'importe quelle couleur — vous vivez une époque de révolution, » affirme Malcolm X à des jeunes du Royaume-Uni en décembre 1964. « Quant à moi, je me joindrai à n'importe qui, je me fiche de votre couleur, du moment que vous voulez changer la condition misérable qui existe sur cette terre. » Quatre discours et une entrevue donnés au Ghana, au Royaume-Uni et aux États-Unis dans les derniers mois de sa vie. 15 $ US. Aussi en anglais et en espagnol.

Thomas Sankara parle

La révolution au Burkina Faso, 1983-1987

Sous la direction de Thomas Sankara, le gouvernement révolutionnaire du Burkina Faso en Afrique de l'Ouest a mobilisé les paysans, les travailleurs, les femmes et les jeunes pour mener des campagnes d'alphabétisation et de vaccination ; creuser des puits, planter des arbres, construire des barrages et des logements ; combattre l'oppression des femmes et transformer les relations d'exploitation à la campagne ; se libérer du joug impérialiste et se solidariser avec ceux qui étaient engagés dans cette lutte ailleurs dans le monde. 24 $ US. Aussi en anglais.

Rébellion Teamster

FARRELL DOBBS

Les grèves de 1934 qui ont construit le mouvement des syndicats industriels à Minneapolis et contribué à l'essor du CIO en Amérique du Nord sont ici racontées par un dirigeant central de ces batailles. Le premier d'une série de quatre livres sur la direction de lutte de classe de ces grèves et des campagnes de syndicalisation qui ont transformé le syndicat des Teamsters en un mouvement social de combat dans la plus grande partie du Midwest et montré la voie en avant vers l'action politique ouvrière indépendante. Introduction de Jack Barnes. 19 $ US. Aussi en anglais, espagnol et suédois.

Le socialisme au banc des accusés

Témoignage au procès pour sédition de Minneapolis

JAMES P. CANNON

Le programme révolutionnaire de la classe ouvrière, tel que présenté en 1941 lors du procès pour « complot séditieux » de dirigeants du mouvement syndical de Minneapolis et du Parti socialiste des travailleurs. Ce livre comprend la réponse de l'auteur à des critiques gauchistes adressées aux accusés, où il s'appuie sur les leçons du mouvement ouvrier depuis Marx et Engels à la Révolution d'Octobre et au-delà. En anglais et en espagnol. 16 $ US

50 années d'opérations secrètes aux USA

La police politique de Washington et la classe ouvrière américaine

LARRY SEIGLE, FARRELL DOBBS, STEVE CLARK

La campagne politique menée pendant 15 ans par le Parti socialiste des travailleurs afin de mettre à nu des décennies d'espionnage et de perturbation par le FBI et d'autres agences policières à l'encontre des organisations ouvrières et d'autres opposants aux politiques du gouvernement. Retrace les origines des efforts bipartites visant à étendre les pouvoirs présidentiels et à construire un État de « sécurité nationale » essentiel au maintien du régime capitaliste. Comprend « La guerre impérialiste et la classe ouvrière » de Farrell Dobbs. En anglais et en espagnol. 10 $ US

L'histoire de la révolution russe

LÉON TROTSKY

Le récit classique de la dynamique sociale, économique et politique de la première révolution socialiste, raconté par l'un de ses principaux dirigeants. Trotsky décrit comment, sous la direction de Lénine, le Parti bolchevique a conduit la classe ouvrière, la paysannerie et les nationalités opprimées à renverser le régime monarchiste des propriétaires fonciers et des capitalistes et à porter au pouvoir un gouvernement des travailleurs et des paysans, qui est devenu un exemple pour les travailleurs du monde entier. Deux volumes. 28 $ US chacun. Aussi en anglais et en russe.

Nous sommes les héritiers des révolutions du monde

L'émancipation des femmes et la lutte de libération de l'Afrique

THOMAS SANKARA

Dans ces brochures, le dirigeant de la révolution de 1983 à 1987 au Burkina Faso explique comment les paysans et les travailleurs de ce pays d'Afrique de l'Ouest ont établi un gouvernement révolutionnaire populaire et comencé à combattre la faim, l'analphabétisme et l'arriération économique imposés par la domination impérialiste, ainsi que l'oppression des femmes héritée de millénaires de société de classe.

Nous sommes les héritiers. 10 $ US. Aussi en anglais et en espagnol.

L'émancipation des femmes. 8 $ US. Aussi en anglais et en espagnol.

PATHFINDER DANS LE MONDE

Pour obtenir une liste complète de nos titres ou en commander, visitez

www.pathfinderpress.com

LES DISTRIBUTEURS DES ÉDITIONS PATHFINDER

ÉTATS-UNIS

(et Amérique latine, Antilles et Asie de l'Est)

Pathfinder Books, 306 W. 37th St., 13e étage,
New York, NY 10018

CANADA

Livres Pathfinder, 7107, rue St-Denis, suite 204,
Montréal, QC, H2S 2S5

ROYAUME-UNI

(et Europe, Afrique, Moyen-Orient et Asie du Sud)

Pathfinder Books, 1er étage, 120 Bethnal Green Road
(entrée par Brick Lane), Londres, E2 6DG

AUSTRALIE

(et Asie du Sud-Est et Pacifique)

Pathfinder, niveau 1, 3/281-287 Beamish St., Campsie, NSW 2194
Adresse postale : P.O. Box 164, Campsie, NSW 2194

NOUVELLE-ZÉLANDE

Pathfinder, 188a Onehunga Mall, Onehunga, Auckland 1061
Adresse postale : P.O. Box 3025, Auckland

Adhérez au club des lecteurs de Pathfinder
et obtenez un rabais de 15 pour cent
sur tous les titres de Pathfinder
et de plus grands rabais sur les spéciaux.
Contactez www.pathfinderpress.com
ou les distributeurs qui précèdent.